MAGASIN THÉATRAL

PIÈCES

ANCIENNES ET MODERNES

NEUVES ET D'OCCASION

Le bonheur conjugal

Prix : 2

LIBRAIRE — BARBRÉ — ÉDITEUR
12, BOULEVARD SAINT-MARTIN, 12
PARIS

LE

BONHEUR CONJUGAL

COMÉDIE

Représentée pour la première fois, sur le théâtre du GYMNASE, le 20 avril 1886.

DU MÊME AUTEUR

LA VEUVE CHAPUZOT, pièce en trois actes.

LES MARIS INQUIETS, vaudeville en trois actes.

L'HOMME DE PAILLE, comédie en trois actes.

LA SÉCURITÉ DES FAMILLES, comédie en trois actes.

LES VIEILLES GENS, comédie en un acte.

LE SOUS-PRÉFET, comédie en un acte.

En collaboration.

LE CRIME, drame en cinq actes, en collaboration avec M. Bertol-Graivil.

TROIS FEMMES POUR UN MARI, comédie bouffe en trois actes, en collaboration avec M. Grenet-Dancourt.

LA FLAMBOYANTE, comédie en trois actes, en collaboration avec MM. P. Ferrier et F. Cohen.

DURAND ET DURAND, comédie-vaudeville en trois actes, en collaboration avec M. Maurice Ordonneau.

LES VACANCES DU MARIAGE, vaudeville en trois actes, en collaboration avec M. Maurice Hennequin.

Imprimerie générale de Châtillon-s-Seine. — PICHAT et PEPIN.

LE
BONHEUR CONJUGAL

COMÉDIE EN TROIS ACTES

PAR

ALBIN VALABRÈGUE

PARIS

LIBRAIRIE THÉATRALE

14, RUE DE GRAMMONT, 14

1894

A

MA CHÈRE FEMME

PERSONNAGES

AMÉDÉE BONNEVAL (60 ans) .	MM. LANDROL.
JULIEN BERTAUT, banquier (26 ans)	NOBLET.
ANDRÉ TAVERNY, banquier (30 ans)	ROMAIN.
HENRI CHAUVEL (24 ans) . . .	P. ACHARD.
JEAN.	NUMÈS.
JEANNE, femme d'André (23 ans).	Mmes MARIE MAGNIER
LUCIE, femme de Julien (22 ans).	DARLAUD.
MADAME BONNEVAL (50 ans) .	GRIVOT.
IRMA (20 ans)	NETTY.
THÉRÈSE (20 ans).	PIERVAL.
MARTHE (18 ans)	CHEIREL.
CLARA (18 ans).	DAVENAY.

LE BONHEUR CONJUGAL

ACTE PREMIER

Un salon chez Bonneval à Paris. — Cinq portes. — A gauche, entre les deux portes, un piano. — A droite, une cheminée. — Au premier plan, table avec ce qu'il faut pour écrire. — Fauteuils, canapé.

SCÈNE PREMIÈRE

BONNEVAL, MARTHE.

Au lever du rideau, Bonneval, en robe de chambre, écrit à la table de droite. Marthe, au piano, joue le *Réveil des Fauvettes*, passage des variations.

BONNEVAL, à part.

Je regrette de lui avoir fait donner des leçons de piano. (Il donne des signes d'impatience comme un homme qui est dérangé dans ses calculs.) Ne mets pas la pédale, au moins.

MARTHE, se levant.

Cependant quand il le faut, papa !

BONNEVAL.

Viens m'embrasser ! (Marthe vient l'embrasser après avoir fermé le piano.) C'est toujours ça de pris sur l'ennemi... (La prenant sur ses genoux.) Sais-tu ce qui m'occupe en ce moment ?

MARTHE.

Mon mariage.

BONNEVAL.

Oui. Je fais la statistique des valeurs que je vais donner à M. ton fiancé. Je dégarnis mon portefeuille pour toi... Regarde... (Il prend son papier.) 50 Lyon, 25 Nord, 75 Ouest, 80 Ville de Paris, etc.

SCÈNE II

LES MÊMES, MADAME BONNEVAL.

MADAME BONNEVAL.

Eh bien ! Marthe, et ton piano ?

BONNEVAL.

Voilà... Nous étions bien tranquilles !...

MARTHE.

Je cause avec papa !...

BONNEVAL.

Je lui donne quelques explications nécessaires. (A Marthe.) Tu sais que nous te marions sous le régime dotal... C'est excellent...

MARTHE.

Le régime dotal, c'est lorsqu'on a une dot, n'est-ce pas ?...

BONNEVAL.

D'abord, mais c'est surtout quand le mari ne peut pas la gaspiller...

MARTHE.

Si tu crois que M. Chauvel peut gaspiller ma dot, pourquoi lui as-tu accordé ma main?

MADAME BONNEVAL.

Nous avons confiance en M. Chauvel. Seulement, ton père prend ses précautions.

BONNEVAL.

Ton fiancé appartient à une famille des plus honorables. C'est un jeune médecin qui a de l'avenir. Ses parents lui donnent cent cinquante mille francs en le mariant. Avec ta dot, cela vous fera trois cent cinquante mille.

MARTHE.

Plus ce qu'il gagne!... Il a gagné douze cents francs l'année dernière.

BONNEVAL.

Viennent beaucoup de coqueluches dans son quartier et vous voilà millionnaires.

MADAME BONNEVAL.

Tu plaisantes toujours!

BONNEVAL.

Oui, ma bonne!

MARTHE.

M. Chauvel a beaucoup de clients.

BONNEVAL.

Il a beaucoup de clients, seulement ils ne sont jamais malades. Ce sont des clients honoraires!

MARTHE.

Henri m'a dit...

MADAME BONNEVAL.

Pas encore Henri, mon enfant... M. Chauvel, ou M. Henri, tout au plus.

MARTHE.

Bien, maman!... M. Henri m'a dit qu'il avait l'intention, dans quelques années, de devenir spécialiste, parce qu'on inspire plus de confiance...

BONNEVAL.

A ceux qu'on ne soigne pas... Pour le moment, il prend son mal où il le trouve...

MADAME BONNEVAL.

Tu ris... Tu ris... Nous verrons un peu ta figure quand elle sera mariée, dans six semaines...

MARTHE.

Le 15 mai !

BONNEVAL.

Ah ! ce ne sera pas gai ici!

MARTHE.

Je viendrai vous voir tous les jours.

BONNEVAL.

Quand je rentrerai, tu ne seras plus là pour me donner mes pantoufles et ma robe de chambre.

MADAME BONNEVAL.

Je n'irai plus t'éveiller par une caresse !

BONNEVAL.

Qui me fera mon chocolat le matin, et ma tasse de thé, le soir ?

MADAME BONNEVAL.

Qui nous jouera nos airs favoris après dîner ?

BONNEVAL.

Oh ! ça, il n'y a que demi-mal... Tu n'oublieras pas d'emporter ton piano, fillette, c'est plus sûr.

MADAME BONNEVAL.

Toutes les jeunes filles qui reçoivent une éducation complète, apprennent le piano.

BONNEVAL.

Oui, ma bonne!... Mais ce côté de l'éducation est trop bruyant. (A Marthe.) Ta mère et toi, vous ne saurez jamais ce que j'ai souffert avec ce piano. En ai-je entendu des gammes! Et des exercices et des variations! Et des morceaux à quatre mains! N'en veux-tu pas? En voilà! Alors, j'allais au café faire un tric-trac.

MARTHE.

Un jeu bien désagréable pour ceux qui ne le jouent pas.

BONNEVAL.

Comme le piano!

MADAME BONNEVAL, à Marthe.

Va un peu t'arranger, mon enfant, M. Henri ne tardera pas à venir.

BONNEVAL.

Ce sera en réalité votre première entrevue.

MARTHE.

La quatrième!

BONNEVAL.

Je dis la première, parce que nous vous laisserons seuls pour la première fois.

MARTHE.

Déjà!... Et qu'est-ce que je lui dirai?

BONNEVAL.

Vous parlerez de choses indifférentes...

MADAME BONNEVAL.

Je te recommande d'être simple... d'être toi!... Du

reste, voici un livre que je viens de retrouver. Je l'avais acheté pour le mariage de tes sœurs.

BONNEVAL.

Ah ! le manuel !...

MADAME BONNEVAL.

Précisément !... Tout y est prévu !...

MARTHE.

Voyons...

MADAME BONNEVAL.

Plus tard... M. Chauvel va venir, dépêche-toi !

Elle pose le livre sur la table.

MARTHE.

Oui, maman.

Elle sort.

SCÈNE III

BONNEVAL, MADAME BONNEVAL, puis CLARA, puis MARTHE.

BONNEVAL.

Quelle idée, ce manuel !... Nous nous sommes mariés sans manuel tous les deux et ça a marché tout de même...

MADAME BONNEVAL.

C'est indispensable, mon ami... Cela permet aux jeunes filles d'avoir une contenance et de savoir ce qu'elles peuvent dire dans ces entrevues si délicates qui précèdent le mariage. Ce livre a été très utile à Lucie et à Jeanne quand nous les avons fiancées.

BONNEVAL.

Tu sais que je vais aller gronder Lucie aujourd'hui.

MADAME BONNEVAL.

Pourquoi? C'est une enfant!

BONNEVAL.

Une enfant insupportable... Le pauvre Julien n'a pas une minute de tranquillité!...

MADAME BONNEVAL.

C'est un peu de sa faute. Il est trop faible!

BONNEVAL.

Il ne se repose que lorsqu'il est à son bureau. Lucie s'est faite le tyran de son mari. Elle ne l'oblige pas seulement à lui faire vouloir ce qu'elle veut! Elle veut encore tout ce qui est de nature à le contrarier...

MADAME BONNEVAL.

Chez Jeanne c'est le contraire. André est un despote. Il prétend l'empêcher d'aller dans le monde... Jeanne est très malheureuse. J'irai parler à son mari.

BONNEVAL.

Ne te mêle pas de ça... Tu es la belle-mère... Tu n'arrangerais rien... Sais-tu ce qui manque chez Lucie aussi bien que chez Jeanne?... C'est un enfant!... Un ménage sans enfant, c'est un appartement sans feu, l'hiver,... on gèle. Tu verras, quand Marthe sera mariée, il nous semblera qu'il n'y a plus de feu dans la maison... Aussi, je veux des petits-fils pour réchauffer ma vieillesse. En les voyant jouer sur le tapis ces gros bébés, nous oublierons que nous avons des cheveux gris... Nous prendrons avec nous un de ces jolis enfants, celui qui criera le plus fort, et ce ne sera pas notre certificat de vieillesse, ce sera, au contraire, le vivant souvenir des premières années de notre mariage... N'est-ce pas, ma vieille amie?...

MADAME BONNEVAL.

Oui, Bonneval... C'est égal, Jeanne et Lucie ne sont pas raisonnables...

BONNEVAL.

D'autant plus que leurs maris sont de braves garçons.

MADAME BONNEVAL.

Deux banquiers, deux associés qui s'aiment comme des frères.

BONNEVAL.

Et c'est rare, ça...

CLARA, annonçant.

Madame ! C'est le fiancé de mademoiselle !

MARTHE, entrant.

Me voilà !

MADAME BONNEVAL.

Faites entrer M. Chauvel.

Clara sort.

BONNEVAL, à Marthe.

J'allais t'envoyer chercher !

MARTHE.

Je l'ai vu venir de ma fenêtre.

MADAME BONNEVAL.

Nous te laissons...

BONNEVAL.

Sois naturelle !...

MADAME BONNEVAL.

Sois toi !...

Ils sortent à droite

SCÈNE IV

MARTHE, HENRI, puis MADAME BONNEVAL.

CLARA.

M. Henri Chauvel...

HENRI.

Mademoiselle !... (Marthe salue de la tête.) M. et madame Bonneval vont bien ?...

MARTHE.

Très bien, je vous remercie... (Avec crainte.) On nous laisse ?

HENRI.

Puisque nous devons vivre toujours ensemble, il faut bien commencer notre apprentissage.

MARTHE.

C'est que... (A part.) Je n'ai pas eu le temps d'ouvrir le manuel...

Elle le prend sur la table à l'insu d'Henri.

HENRI.

Mademoiselle !

MARTHE.

M. Henri !

HENRI.

M'aimez-vous ?

MARTHE, à part.

Je ne sais pas si je peux le lui dire déjà.

HENRI.

Mademoiselle !...

MARTHE, haut.

Voulez-vous avoir la bonté d'ouvrir le piano?

HENRI, à part.

Elle va encore me jouer son *Réveil des fauvettes.*

Il va au piano.

MARTHE, feuilletant en hâte le manuel.

« *Premier tête-à tête le lendemain du mariage!* » Ce n'est pas cela !... (Ouvrant le livre aux pages précédentes.) Ah!

HENRI, au piano.

Faut-il ouvrir le dessus?

MARTHE.

Ouvrez tout... (A part, lisant.) « *Premier tête-à-tête après les fiançailles.* » (Parlé.) Nous y voilà. (Lisant.) « *La jeune fille devra se montrer chaste et réservée!* » (Parlé.) Je le savais.

HENRI.

Mademoiselle, l'ivoire attend l'albâtre.

MARTHE.

Fermez le piano, M. Henri.

HENRI, à part.

Ah! elle est fantasque!

Il va au piano pour le fermer.

MARTHE, lisant.

« *Le jeune homme poli!* » (Parlé.) C'est heureux! (Lisant.) « *et tendre sans insistance!...* »

HENRI, au piano.

Dois-je fermer le dessus?

MARTHE.

Fermez tout!... (A part.) Il faudrait lire tout le chapitre...

HENRI.

Voilà...

Il revient s'asseoir près d'elle.

MARTHE.

Tâchez d'être tendre...

HENRI.

Mademoiselle ?...

MARTHE.

Sans insistance...

HENRI, étonné, un temps.

Vous rappelez-vous, lorsque nous nous sommes rencontrés pour la première fois?... Vous étiez aux Champs-Elysées avec madame votre mère, moi j'allais voir un malade atteint de la fièvre typhoïde... Vous m'avez porté bonheur, je l'ai sauvé...

MARTHE.

Mes compliments.

HENRI.

Je vous ai aimée tout de suite...

Il lui prend la main.

MARTHE, dégageant sa main.

Sans insistance, M. Henri.

Elle se lève.

HENRI.

Parlez-moi de votre enfance, Marthe.

MARTHE, se rasseyant.

Volontiers...

HENRI, bredouillant.

Je ne veux ignorer aucun détail de votre jeunesse. Vos souvenirs me feront revivre le passé avec vous; quant au présent, je me charge de le faire tel... qu'il vous charmera... lorsqu'à son tour... il sera le passé...

MARTHE, elle ouvre le livre en se détournant un peu. Elle lit à part.

« *Le jeune homme le plus intelligent, le plus spirituel peut paraître stupide dans cette première entrevue.* » Ah ! ah !

HENRI.

Pourquoi détournez-vous la tête ?

MARTHE.

Je songeais...

HENRI.

Laissez-moi vous regarder... Vous êtes mon idéal, Marthe !... Avant de vous connaître, lorsque je pensais à celle qui serait un jour ma femme, c'est sous vos traits que je la voyais... C'est votre cœur que je lui donnais...

MARTHE, à part.

Il va mieux...

HENRI.

Comme vous êtes jolie !...

Il lui prend la main.

MARTHE, à part.

Je crois qu'il va trop loin. (Haut.) Sans insistance, M. Henri...

HENRI, la retenant.

Pas M. Henri, Henri tout simplement et bientôt : mon Henri... Marthe, je vous adore...

MARTHE, n'y tenant plus et montrant carrément son manuel.

Mais je suis sûre que vous n'avez pas le droit d'aller jusque-là... (Lisant.) « *Un homme du monde doit être extrêmement réservé et délicat dans cette première entrevue. Une émotion de bon aloi lui est cependant permise. Les yeux seuls devront exprimer la tendresse* 1. »

HENRI, étonné.

Un ?

MARTHE, parlé.

Cela signifie qu'il y a une note à la fin du volume,

un commentaire sans doute. (Lisant.) « *Pour les corbeilles de noces, s'adresser à la maison Bigarand et Gordembois, rue des Sages-femmes,* 29. *Corbeilles, depuis cinq cents francs.* »

HENRI.

Que lisez-vous là ?

MARTHE.

Le manuel... Le manuel du mariage par madame la Marquise de Haussanville. Tout y est prévu.

HENRI.

Surtout la corbeille.

MARTHE.

« *Première partie : Les fiançailles. Deuxième partie : Le mariage, première année.* » (Parlé.) Papa a déchiré des pages... « *Troisième partie : Le mariage, suite et fin. Quatrième partie : Du veuvage. Convenances à observer pour les secondes noces.* » C'est un ouvrage utile, n'est-ce pas?

HENRI.

Indispensable. Mais à quel moment l'homme du monde est-il autorisé à embrasser sa fiancée ?

MARTHE.

Une fois en arrivant. Une fois en s'en allant.

HENRI.

Alors embrassez-moi pour l'arrivée.

MARTHE.

Pas moi, vous. (Henri l'embrasse.) Une fois !

HENRI.

Vous ne pourriez pas m'avancer une semaine ?

MARTHE.

Vous seriez bien attrapé demain.

HENRI.

Je vous en prie, Marthe !

Henri l'embrasse. Monsieur et Madame Bonneval entrent.

MADAME BONNEVAL.

Marthe, une fois en arrivant, une fois en s'en allant...

HENRI.

C'est celui du départ. (A part.) Et dans une demi-heure celui du retour. (Saluant.) Madame...

MADAME BONNEVAL.

Bien des compliments chez vous, M. Henri.

SCÈNE V

MARTHE, MONSIEUR et MADAME BONNEVAL.

BONNEVAL.

Eh bien ! fillette, trouves-tu que ton père a fait un bon choix ?

MARTHE.

Oui, mais je ne veux plus de manuel, ça me trouble. Je me tirerai bien d'affaire toute seule.

BONNEVAL.

Que t'a dit M. Chauvel ?

MARTHE.

Il m'a embrassée !

MADAME BONNEVAL.

Oui, nous l'avons vu, et après ?

SCÈNE VI

LES MÊMES, CLARA.

CLARA, *un peu troublée.*

Monsieur, madame Taverny est là!

BONNEVAL, *très calme.*

Ma fille ? faites-la entrer!

CLARA.

C'est que... Elle m'a dit de venir voir s'il n'y avait personne... parce qu'elle pleure...

MADAME BONNEVAL.

Ma fille pleure ?

CLARA.

Et elle a des bagages.

BONNEVAL

Des bagages?

MADAME BONNEVAL.

Mais faites entrer, voyons, Clara...

BONNEVAL.

Qu'est-ce que cela signifie ?

SCÈNE VII

Les Mêmes, JEANNE, THÉRÈSE.

Entrée de Jeanne. Elle tient à la main un sac à bijou. Thérèse porte un petit chien et une valise de femme très élégante.

JEANNE, suffoquée par les larmes.

Bonjour, ma mère. (Elle l'embrasse.) Bonjour, mon père.... (Elle l'embrasse.) Bonjour, Marthe...

Ses larmes redoublent.

MADAME BONNEVAL.

Qu'arrive-t-il, ma chérie?

CLARA.

Où faut-il mettre les bagages de Madame?

BONNEVAL, à Clara.

Laissez-nous tranquilles, vous!

JEANNE, à Clara.

Ayez bien soin de ma petite chienne. (A ses parents.) C'est tout ce qui me reste maintenant,... après vous.

Clara sort avec la chienne.

MADAME BONNEVAL

Voyons, calme-toi...

JEANNE, ses larmes l'empêchent de parler.

Je viens rester avec vous...

BONNEVAL.

Rester avec nous?...

MADAME BONNEVAL.

Encore une querelle avec ton mari?...

JEANNE, paroles entrecoupées.

C'est bien simple, allez... La vie n'est plus possible avec André... Alors je l'ai quitté pour toujours...

BONNEVAL.

Tu trouves que c'est bien simple, toi ?...

MARTHE.

Comment André qui paraissait t'adorer ?...

MADAME BONNEVAL, à Marthe.

Toi, tu ferais mieux d'aller préparer un peu de tilleul pour ta sœur qui est agitée...

MARTHE.

J'y vais, maman...

BONNEVAL.

Marthe ! trois tasses... Ta mère et moi nous sommes agités également... (A Jeanne.) Voyons, que s'est-il passé ?...

JEANNE.

Regardez-moi bien. Vous voyez la plus malheureuse des femmes...

BONNEVAL.

Allons donc !... Toutes les femmes disent la même chose.

JEANNE.

André ne me comprend pas.

BONNEVAL.

C'est peut-être que tu t'expliques mal.

JEANNE.

Les mariages d'inclination, ça finit toujours comme ça.

MADAME BONNEVAL.

Tu vois. Ils ont eu encore une scène. J'en étais sûre !

JEANNE.

Et quelle scène, ma mère!... Hier, nous étions invités à un grand bal, au ministère de l'Agriculture, j'avais commandé une toilette délicieuse. Une robe de velours bleu tendre avec des dentelles blanches. Le corsage à la vierge, garni en biais comme ça, voyez-vous? (Elle fait le geste.) d'une garniture de roses thé. La jupe, d'un côté, tout en dentelles, la traîne de velours en forme de peplum; sur le devant, un tablier de perles irisées, entouré de point d'Espagne. Tu vois ça, maman?

MADAME BONNEVAL.

Parfaitement, ma fille, parfaitement.

JEANNE.

Et toi, papa!... Tu n'as pas du tout l'air de comprendre un mot de ce que je te dis?...

BONNEVAL.

Ne crois pas ça, ma fille, ne crois pas ça...

JEANNE.

M. Taverny rentre. Il avait oublié le bal...

THÉRÈSE, qui se tient au fond.

Madame n'invente rien...

MADAME BONNEVAL.

Taisez-vous, Thérèse.

JEANNE.

A dix heures, au moment de s'habiller, Il me dit: « Jeanne, si nous n'allions pas au bal? »

BONNEVAL.

Je comprends ça...

JEANNE.

Vous êtes fou, lui dis-je... Et ma toilette?... — Elle servira la semaine prochaine!... — Mais elle ne sera plus de mode!... — Sacrifiez-moi ce bal, me dit-il; car

Monsieur n'a que le mot : sacrifice, dans la bouche. Je refuse. Il insiste. Je tiens bon.

BONNEVAL.

Et il s'habille...

JEANNE.

Naturellement !... Mais attendez... Nous arrivons au bal. A partir de deux heures du matin : « Jeanne, rentrons-nous? » A peine mon valseur m'avait-il reconduite à ma place : « Jeanne, rentrons-nous ?... » Enfin, pour lui être agréable, nous rentrons. Il n'était que six heures du matin ..

BONNEVAL, à part.

Pauvre garçon !...

JEANNE.

Vous croyez que c'est fini ?...

BONNEVAL.

Je l'espérais, pour lui...

JEANNE.

Dans la voiture, une scène. Je ne réponds pas. Nous arrivons, une scène. Je ne réponds pas, Ce matin, une scène, à la suite de laquelle il m'a jeté par la fenêtre...

MADAME BONNEVAL, l'interrompant.

Ma fille, par la fenêtre !...

JEANNE.

Il m'a jeté par la fenêtre ma robe de bal..,

THÉRÈSE.

C'est la pure vérité...

MADAME BONNEVAL.

Taisez-vous, Thérèse...

BONNEVAL.

Une querelle d'amoureux qui n'aura pas de suites...

JEANNE.

Tout est fini entre André et moi. Je l'ai juré...

MADAME BONNEVAL.

Ton père arrangera cela...

BONNEVAL.

Oui, ma bonne...

JEANNE.

Jamais je ne retournerai avec André...

MADAME BONNEVAL.

Viens, ma chérie, viens te reposer...

THÉRÈSE, à part.

Pauvre madame !

Jeanne, Thérèse et madame Bonneval sortent.

SCÈNE VIII

BONNEVAL, puis LUCIE, puis JULIEN, puis MADAME BONNEVAL.

BONNEVAL, seul.

Son mari la prendra par la famine...

Entrent Julien et Lucie.

LUCIE.

Bonjour, papa !

BONNEVAL.

Bonjour, Lucie ! Bonjour, Julien

JULIEN, froid.

Monsieur !

BONNEVAL.

Ah! j'en apprends de belles sur M. Taverny, votre beau-frère. (A Lucie.) Ta sœur vient d'arriver en larmes.

JULIEN, très froid.

Laissons cela pour l'instant, s'il vous plaît. Est-ce que madame Bonneval est sortie?...

Lucie et Bonneval sont très surpris du ton solennel de Julien.

BONNEVAL.

Non!

JULIEN.

Voulez-vous avoir l'obligeance de la faire prévenir de notre présence!

Bonneval sonne. — Clara paraît.

BONNEVAL.

Priez madame de venir...

Clara sort.

LUCIE, à Julien.

Ah! ça, qu'est-ce que cela veut dire?

JULIEN.

Vous allez le savoir, mon amie.

Entre madame Bonneval

MADAME BONNEVAL.

Ah! Julien et Lucie!... Vous arrivez à propos. Figurez-vous que cette pauvre Jeanne...

JULIEN.

Voulez-vous être assez aimable pour vous asseoir, madame!

MADAME BONNEVAL.

Qu'est-ce que cela signifie?

JULIEN.

Mon cher beau-père et vous, ma chère belle-mère...

MADAME BONNEVAL.

Quand il m'appelle belle-mère, c'est qu'il est fâché !

JULIEN.

Il y a dix-huit mois, j'eus l'idée bizarre de vous demander la main de mademoiselle Lucie, votre fille...

MADAME BONNEVAL.

Mon ami...

JULIEN, toujours très froid et très solennel.

Je vous prie de me laisser continuer... Lucie était d'apparence frêle et délicate, mais, d'apparence seulement. Elle était jolie, elle l'est encore... (A madame Bonneval.) Vous vous étiez chargée de la chrysalide, madame...

MADAME BONNEVAL.

Précisez, monsieur !...

JULIEN.

Je viens tout exprès. Mademoiselle Lucie Bonneval, qui avait été le modèle des fiancées, vive, enjouée, tendre, sans exagération, ainsi qu'il sied à une jeune fille bien élevée...

MADAME BONNEVAL, à part.

Elle suivait le manuel...

JULIEN.

Douce, intelligente, spirituelle même... Mademoiselle Lucie Bonneval changea du tout au tout lorsqu'elle fut madame Julien Bertaut... Qu'était devenue la jeune fille douce ?...

LUCIE.

Votre petite facétie se prolonge peut-être plus qu'il ne faudrait...

JULIEN, imperturbable.

Qu'était devenue la jeune fille douce?... Une femme impérieuse, contrariante et acariâtre, qui s'était donné la mission de me rendre extrêmement malheureux. Je n'essaierai pas de vous décrire mes souffrances. Je suis le meilleur garçon du monde, n'est-ce pas? Doux, tranquille, confiant et délicat. Eh bien! Lucie est toujours d'un avis contraire au mien. Toujours!.. Si je veux sortir, elle me dit de rester; si je veux rester, elle me dit de sortir. Si je réplique, elle m'envoie me promener; si je n'y vais pas, elle y va. Il suffit que j'aie une opinion pour qu'elle en ait une autre. (A Bonneval.) Vous ne connaissez pas ça, vous, la femme qui dit le contraire tout le temps? Ma femme, en un mot, s'est faite la scie de mon ménage, une scie toujours grinçante... J'ai essayé tour à tour, la douceur, l'autorité, la prière, la menace, la persuasion... rien n'y a fait. J'ai même consulté mon médecin. Il m'a conseillé de la battre... C'est un homéopathe...

MADAME BONNEVAL.

Vous l'avez battue?

JULIEN, il sort un carnet de sa poche.

Pour qui me prenez vous, madame? Ce carnet, ou plutôt ce volume, où j'ai consigné au jour le jour toutes mes impressions, vous en dira plus long que je ne pourrais le faire... Tenez, je l'ouvre au hasard. « 12 février. Lucie m'a fait une scène parce que j'ai dit qu'Eve avait perdu le premier homme... et les suivants. »

MADAME BONNEVAL.

Pourquoi avez-vous dit ça?

JULIEN.

« 13 février, veau froid pour déjeuner. »

MADAME BONNEVAL.

Il n'est vraiment bon que comme ça...

JULIEN.

J'exprime à Lucie mon aversion pour le veau froid. Je n'en mange pas. « 14 février, veau froid! » Comme je l'ai en horreur, je n'en mange pas. « 15, 16, 17, veau froid... » Toujours le même. Je prends alors un parti violent... Je le fais chauffer...

MADAME BONNEVAL, *à Lucie.*

Ah! là... Tu as eu tort!...

LUCIE, *à Julien.*

Où voulez-vous en venir?

JULIEN, *tendant le carnet à madame Bonneval.*

Je vous confie ces notes. Je vous prie de ne pas les égarer, je compte les communiquer à ceux de mes amis qui seraient sur le point de se marier. Ce carnet leur servira de guide Conty, et je doute qu'ils s'embarquent dans la galère conjugale...

LUCIE.

Je vous écouterai jusqu'au bout!...

JULIEN.

Je vous remercie de cette docilité *in extremis!* (*Aux Bonneval.*) J'ai longtemps cherché le moyen d'en finir. Un instant même, j'ai songé au suicide. Je ne me suis pas arrêté à cette pensée... Après mûre réflexion, j'ai adopté le moyen suivant, qui me paraît pratique et sûr: je vous ramène votre fille...

BONNEVAL.

Plaît-il?

MADAME BONNEVAL.

Comment l'entendez-vous?

JULIEN.

Ne me serais-je pas fait comprendre?... Je prétends vivre tranquille à l'avenir. Je vous ramène votre fille. La voilà!...

MADAME BONNEVAL.

Mais, mon gendre...

JULIEN, tragiquement.

Ne me rappelez pas cette pensée amère !...

BONNEVAL.

Vous n'avez pas le droit d'agir ainsi...

JULIEN.

Qui m'en empêche ?

LUCIE.

La loi, d'abord...

JULIEN.

Pourriez-vous m'indiquer le numéro de la loi qui me défend de partir, à l'instant même, pour un pays lointain et inconnu de vous, d'où je ne reviendrai que dans cinquante ans !.. (Changeant de ton.) Madame et monsieur, j'ai bien l'honneur de vous saluer...

MADAME BONNEVAL.

Arrêtez !

JULIEN, à Lucie.

Un dernier mot. Je vais vous renvoyer vos bagages...

BONNEVAL.

Encore des bagages !... Ils prennent donc ma maison pour une gare !...

LUCIE.

Ah ! vous me paierez ça !...

JULIEN.

Non, madame, je ne paierai plus rien maintenant, le guichet est fermé ! (Revenant.) Il est muré, le guichet...

Il sort.

SCÈNE IX

LES MÊMES, moins JULIEN, puis MARTHE, puis JEANNE, puis CLARA. Les trois personnages se regardent interloqués.

MADAME BONNEVAL.

Ça par exemple... ça ne s'est jamais vu !...

MARTHE, entrant.

Qu'avez-vous ?

BONNEVAL.

Quatre tasses de tilleul !

MARTHE.

Bien...

Elle sort.

MADAME BONNEVAL, à Lucie.

Tu as tous les torts... n'est-ce pas, Bonneval?

BONNEVAL.

Oui, ma bonne !...

JEANNE, entrant.

Qu'est-ce qu'il y a ?... Lucie ! est ici ?

BONNEVAL.

Julien vient de la ramener !... Vous pouvez-vous donner la main... Son mari n'en veut plus. Toi, tu ne veux plus du tien... Au fond, cela revient au même...

MADAME BONNEVAL, à Lucie.

Une femme doit obéissance et respect à son mari... Julien est un brave garçon... Pourquoi as-tu voulu le dominer ?...

LUCIE.

Et c'est toi qui me dis cela, toi ?

MADAME BONNEVAL.

Eh bien ?...

LUCIE.

Mais j'ai voulu appliquer ton système !...

MADAME BONNEVAL.

Mon système ?...

BONNEVAL.

Quel système ?

LUCIE.

Est-ce que tu n'as pas toujours conduit papa par le bout du nez ?

BONNEVAL.

Hein !

JEANNE, à Bonneval.

Oui... Tu faisais tout ce que voulait maman. Jamais je ne t'ai vu avoir de volonté... Oui, ma bonne !... Tu ne savais dire que cela... Il faut faire ceci... oui, ma bonne !... Il ne faut pas faire cela... oui, ma bonne... Si nous mariions Jeanne à M. Taverny ?... oui, ma bonne... Ce jour-là, tu as eu tort, par exemple. Toujours : oui, ma bonne. Et vous étiez heureux cependant !...

LUCIE.

Alors, je me suis dit : voilà le secret du bonheur conjugal !... C'est le système de maman...

BONNEVAL.

C'est pourtant vrai !... Je ne m'en étais pas aperçu. (A sa femme.) J'ai toujours fait ce que tu as voulu...

MADAME BONNEVAL.

Parce que je ne voulais que ce que tu pouvais faire !

2.

(A Lucie.) Toi, tu as exigé que ton mari se soumît à toutes tes volontés, à tous tes caprices. Tu en inventais chaque jour de nouveaux, pour te convaincre toi-même que tu le dominais bien...

BONNEVAL.

Et tu ne le rendais pas heureux !...

JEANNE.

Il devait l'être... en principe !...

MADAME BONNEVAL.

Elle appelle cela mon système !... Est-ce qu'il y a des systèmes dans le mariage ?... Il y a un honnête homme et une honnête femme qui vivent parfaitement heureux, parce qu'ils ont du cœur et de la raison.

BONNEVAL.

Le voilà, notre système... et il nous a réussi.

LUCIE.

Alors, je me suis trompée !

BONNEVAL.

Voilà ce qu'il faut dire à ton mari...

LUCIE.

Jamais !... Moi, lui avouer que j'ai eu tort ?... Il serait trop content. Il abuserait de la situation...

JEANNE.

Et l'amour-propre, qu'est-ce que tu en fais ?

BONNEVAL.

L'amour-propre !... Dites : le faux amour-propre ! (A sa femme.) Aujourd'hui, vois-tu, ma bonne, on ne prend plus le mariage au sérieux !... De notre temps, on faisait deux cérémonies : la cérémonie civile et la cérémonie religieuse. Aujourd'hui, il n'y en a plus qu'une : la cérémonie du contrat. Les deux autres ne sont que des formalités. Nous faisions des mariages d'estime... On fait des mariages d'estimation. (A sa femme.) Nous n'avions pas des meubles Louis XIII, quand je t'ai épousée. Nous avions du bon acajou Napoléon III. Nous n'achetions pas des bibelots, grands comme le pouce, qui valent dix mille francs... Tu ne portais pas des toilettes de douze cents francs, toi !... Et tu n'étais pas moins gentille que tes filles avec ta petite robe de jaconas et ton chapeau, qui n'était pas un chapeau et qui, pourtant, n'était pas un bonnet... Nous avons commencé avec trente mille francs, pas un sou de plus. L'hiver, nous étions levés à sept heures, l'été, à six. Nous descendions à la fabrique, notre bonne fabrique de draps. On travaillait jusqu'au soir... Et voilà comment on arrive à donner deux cent mille francs de dot à chacune de ces dames... Nos trente mille francs ont fait des petits... Ce n'est pas comme vous autres, paresseuses !...

MADAME BONNEVAL.

Votre père a raison...

BONNEVAL.

Oui, ma bonne...

JEANNE.

Les temps sont changés.

BONNEVAL.

Pas à leur avantage !... Votre mère !... Tenez, votre mère, quand elle s'est mariée... Elle savait lire, écrire et compter...

MADAME BONNEVAL.

Compter, surtout !...

BONNEVAL.

Elle faisait des fautes d'orthographe... Elle en fait encore...

MADAME BONNEVAL, vivement.

Pas autant !

BONNEVAL.

Mais toi, au moins, tu savais l'orthographe du cœur...

MADAME BONNEVAL.

Merci, Bonneval.

BONNEVAL.

Elles,... elles savent l'anglais; mais elles ne pourraient pas emmailloter un enfant!...

LUCIE.

C'est l'affaire des nourrices...

BONNEVAL.

Votre mère vous a nourries toutes les trois...

LUCIE.

Elle était si robuste!... Ce n'est pas ma faute si je ne suis pas un colosse...

BONNEVAL.

Vois-tu, ma bonne, nous les avons mal élevées. Nous en avons fait des femmes du monde au lieu d'en faire des femmes de ménage. Et cela, pourquoi ? Par orgueil!... Nous étions tous les deux en admiration devant nos filles à mesure qu'elles grandissaient et qu'elles apprenaient un tas de choses inutiles. Nous nous pâmions, quand elles parlaient de Romulus et de François Ier; nous rougissions de ne pouvoir leur donner la réplique. J'apprenais, même en cachette, la géographie pour n'avoir pas l'air d'un imbécile, lorsqu'elles causaient de l'Océanie... Aimez votre mari. Ayez de beaux enfants... Débarbouillez-les vous-mêmes... Allez voir si le pot-au-feu ne verse pas, et laissez tranquilles l'Asie, l'Afrique, Christophe Colomb, Charles IX et madame de Montespan...

JEANNE.

Tu supprimes la femme!...

BONNEVAL.

Pas du tout... Je donne mon programme, moi aussi!...

CLARA, *entrant.*

M. Taverny demande madame Taverny.

MADAME BONNEVAL.

A la bonne heure !

JEANNE.

Je n'y suis pas, ou plutôt, dites-lui que j'y suis, mais pas pour lui !...

CLARA.

Bien, madame !

Fausse sortie.

MADAME BONNEVAL, la rappelant.

Clara ! (A Jeanne.) Je t'en prie, Jeanne, reçois ton mari...

JEANNE.

C'est impossible !...

LUCIE, à Jeanne.

Tu as raison... Sois ferme...

BONNEVAL, à Lucie.

Taisez-vous !

JEANNE, à Clara.

Je n'y suis pas !...

Fausse sortie de Clara.

BONNEVAL.

Clara !... (Clara revient.) Jeanne, ton vieux père te prie de recevoir ton mari...

JEANNE.

J'obéis. (A Clara.) Faites entrer !...

MADAME BONNEVAL.

Laissons-les, Bonneval...

BONNEVAL.

Oui, ma bonne...

LUCIE, à Jeanne.

Veux-tu que je reste ?

JEANNE.

C'est inutile !...

BONNEVAL, de la porte.

Lucie !

LUCIE.

Voilà, papa !... (De la porte à Jeanne.) Sois ferme !...

SCÈNE X

JEANNE, ANDRÉ.

ANDRÉ.

Je monte du bureau pour déjeuner... Je ne vous trouve pas... On me dit : madame est partie avec sa malle... Qu'est-ce que cela signifie ?...

JEANNE.

Cela signifie que je vous quitte...

ANDRÉ.

Voyons, Jeanne, est-ce une plaisanterie ?...

JEANNE.

La suite vous prouvera que non...

ANDRÉ.

Qu'avez-vous à me reprocher ?

JEANNE

Ce que j'ai à vous reprocher ?... Mais de me rendre malheureuse, depuis sept ans que nous sommes mariés... Presque rien, comme vous voyez... Vous ne direz pas que j'ai manqué de patience ?...

ANDRÉ.

J'ai été un peu vif ce matin, en revenant du bal, j'en conviens...

JEANNE.

Un peu vif!... Une scène abominable!... Vous m'avez juré que vous ne me conduiriez plus dans le monde...

ANDRÉ.

Il m'est pénible que vous dansiez!... Je ne peux pas voir d'un œil indifférent ma femme entre les bras d'un autre...

JEANNE.

Entre les bras?...

ANDRÉ.

Oui, entre les bras!... Pis que cela!... Est-ce que le souffle de votre danseur ne se confond pas avec le vôtre?

JEANNE.

Non!

ANDRÉ.

Je vous dis que si... Je le sais bien!... Dans la valse, surtout!...

JEANNE.

C'est si rapide!...

ANDRÉ.

Est-ce qu'il n'entoure pas votre taille, l'autre?... Est-ce qu'il ne presse pas votre main dans la sienne, l'autre?

JEANNE.

Les mains sont gantées!... Les bras aussi... Nous avons des gants à vingt boutons...

ANDRÉ.

Que n'avez-vous des corsages à vingt boutons!...

JEANNE.

La mode viendra peut-être!

ANDRÉ.

Et nous, les maris, ces éternels imbéciles, ces dupes

du mariage !... nous conduisons nos femmes à ces messieurs qui les font tourner de minuit à six heures du matin. Et lorsque nous les ramenons chez nous, il semble que c'est notre tour, n'est-ce pas ? Eh bien ! non, madame bâille. Elle est fatiguée, elle a sommeil !... Elle nous ferme au nez la porte de la chambre conjugale !... Et le lendemain, elle nous dit, amère ironie... : Nous nous sommes joliment amusés cette nuit !... Vous, c'est possible, mais pas moi !...

JEANNE.

Tous les peuples ont connu la danse.

ANDRÉ.

Tous les peuples ont également connu l'infidélité.

JEANNE.

Voilà pour le bal... S'il n'y avait que cela... mais le théâtre !...

ANDRÉ.

Je vous y mène, au théâtre !...

JEANNE.

Une fois tous les deux ans.

ANDRÉ.

Pour les bonnes pièces.

JEANNE.

Au lieu de songer au spectacle, vous êtes sans cesse préoccupé de savoir si l'on me lorgne...

ANDRÉ.

Je ne comprends pas qu'un homme bien élevé lorgne une femme honnête !...

JEANNE.

Il faut bien lorgner, pour savoir... Voilà pour le spectacle... S'il n'y avait que cela ?...

ANDRÉ.

Qu'y a-t-il encore ?...

JEANNE, se montant peu à peu

Il y a que vous êtes insupportable tous les jours et toute la journée. Je ne peux pas sortir sans que vous me demandiez où je vais. Je ne peux pas rentrer sans que vous me demandiez d'où je viens. Vous ne voulez pas que je reçoive de visites...

ANDRÉ.

Des visites d'hommes seuls... Non... Je ne me suis pas marié pour les autres...

JEANNE.

Est-ce qu'on peut passer sa vie dans un éternel tête-à-tête ?...

ANDRÉ, se rapprochant d'elle.

Ce n'est pas ce que je te demande. Je te demande de ne pas me condamner à la cravate blanche cinq fois par semaine. Je te supplie de ne pas vivre hors de chez toi... Nous ne trouvons même plus l'intimité chez nous, car notre appartement est installé comme pour une réception permanente.

JEANNE.

Il n'est pas assez grand.

ANDRÉ.

Tu as pris trois pièces pour tes salons.

JEANNE.

Je vous les rends. Vous voilà satisfait ?...

ANDRÉ, très tendre.

eanne, tu prends un masque !... Tu m'aimes. Rappelle-toi, combien nous avons été heureux !... Si tu savais ce que ton départ me fait souffrir !..

JEANNE.

Du moins, vous pleurerez seul, vous souffrirez seul, je supprime le ricochet...

ANDRÉ.

Je t'en prie, Jeanne, réfléchis. Cette séparation n'est pas possible. Tu n'as à me reprocher que de trop t'aimer !

JEANNE.

Votre jalousie est insupportable... Je ne me suis pas mariée pour vivre cloîtrée. J'aime le monde !

ANDRÉ.

Moi, je n'aime que toi !... Je ne pense qu'à toi, je ne vis que pour toi et par toi... Le sourire que tu adresses à un indifférent semble m'être volé...

JEANNE.

Aimable caractère !... Tout à l'heure, je ne pouvais plus danser, maintenant, je ne peux plus sourire... Demain, vous me demanderez de sortir voilée comme les femmes turques. Celle qui a inventé cela ne devait pas être jolie !...

ANDRÉ.

Pourquoi veux-tu que je sois malheureux ?

JEANNE.

Pourquoi voulez-vous que je sois malheureuse ?

ANDRÉ.

Ah! si j'avais su !...

JEANNE.

Quoi ?.. que j'aimais le monde ? Mais, c'est dans le monde que nous nous sommes rencontrés ! Vous valsiez à merveille, c'est ce qui me fait regretter davantage de vous avoir épousé. J'ai perdu un bon valseur et gagné un mauvais mari.

ANDRÉ.

Vous avez tort de plaisanter dans les situations graves.

JEANNE.

Ce qui était grave, c'était de vivre avec vous, exposée à vos colères, à vos brutalités. (Mouvement d'André.) Oui, vos brutalités !... Ce matin, c'était ma robe jetée par la fenêtre; qui me dit que demain ce ne sera pas moi ? Si vous vouliez une femme pot-au-feu, il fallait aller chercher une provinciale avec ses vingt-cinq mille francs de dot. Et encore, j'en connais qui en font plus que les autres... Quant à moi, je vivrai à ma guise et je ne ferai votre bésigue, je vous le déclare, que quand j'aurai soixante ans et des lunettes...!

ANDRÉ.

Puisque vous le prenez sur ce ton... assez de prières... Vous ne voulez pas revenir chez vous?

JEANNE.

Non!

ANDRÉ.

Une deuxième fois, vous ne voulez pas revenir chez vous?

JEANNE.

Les trois sommations !...

ANDRÉ.

Eh bien ! je vous jure que si vous ne rentrez pas aujourd'hui même... vous ne rentrerez jamais.

JEANNE.

Je vous jure, moi, que ce serment vous sera facile à tenir !

ANDRÉ

Cela vous convient ?

JEANNE.

Tout à fait.

ANDRÉ.

Alors, à vous toute la responsabilité de ce qui se passera.

JEANNE.

Fort bien!

ANDRÉ.

Je vous salue, madame!

JEANNE.

Je vous salue, monsieur!

Il sort.

JEANNE, seule.

Il reviendra!...

SCÈNE XI

JEANNE, MADAME BONNEVAL, LUCIE, MONSIEUR BONNEVAL, MARTHE, HENRI.

MADAME BONNEVAL.

Eh bien?

JEANNE.

Tu vois, tout est arrangé. Je reste.

MADAME BONNEVAL.

Tu es folle!

LUCIE.

Elle a raison...

MADAME BONNEVAL.

Taisez-vous!

BONNEVAL.

Tu veux donc rendre ton père et ta mère malheureux?

MARTHE, entrant.

Est-ce que Lucie dîne avec nous?

BONNEVAL.

Ma pauvre enfant, tes deux sœurs nous reviennent. Jeanne quitte André... Quant à Lucie, on nous l'a laissée pour compte.

MARTHE.

Ah! mon Dieu!

MADAME BONNEVAL.

C'est inouï, inouï!...

LUCIE.

Voyons, maman, fais-toi une raison. C'est un grand bonheur!

HENRI, entrant par le fond, un bouquet à la main.

Mesdames! (A Marthe.) Mademoiselle!

Il lui tend le bouquet.

MARTHE, sans le prendre.

Je vous remercie...

HENRI, étonné.

Plaît-il?

MARTHE.

Voici la bague des fiançailles!

Elle la lui rend.

HENRI.

Mais, mademoiselle...

MADAME BONNEVAL.

Que fais-tu, Marthe?

MARTHE.

Mes sœurs, victimes de leurs maris, viennent de rentrer à la maison, après un court mariage. Je ne veux pas être malheureuse, comme elles, et je vous rends votre parole!

JEANNE.

Toi, du moins, tu t'y prends à temps!

MADAME BONNEVAL.

Jeanne!...

BONNEVAL.

Où suis-je? (A Marthe.) Comment, tu refuses d'épouser M. Chauvel?

MARTHE.

Oui, mon père; je ne peux pas me marier quand mes sœurs se démarient.

HENRI.

Voyons, mademoiselle!..

MARTHE.

Les hommes sont tous les mêmes!

HENRI, implorant.

Madame!... Monsieur!...

Il laisse tomber son bouquet.

MADAME BONNEVAL.

C'est inouï, inouï!...

BONNEVAL, accablé.

Voilà mes trois filles célibataires!

ACTE DEUXIÈME

Chez André. Un salon très élégant, très parisien, contrastant avec le salon bourgeois et banal du premier acte, et avec le salon d'hôtel meublé du troisième acte. A droite, une table et tout ce qu'il faut pour écrire. A droite, premier plan, porte de l'appartement d'André. A droite, deuxième plan, porte conduisant aux bureaux. A gauche, premier plan, porte de la chambre de Jeanne. A gauche, deuxième plan, porte du boudoir. Au fond, porte d'entrée. A droite et presque au milieu de la scène, un piano que le public voit de trois quarts.

SCÈNE PREMIÈRE

JEAN, puis JULIEN.

JEAN.

Madame Taverny ne se décide pas à revenir. M. Taverny se désole. Quant à moi cela me serait bien égal, si ma femme n'avait pas suivi madame dans sa famille. Je n'ai pas de veine. Marié depuis trois mois, ma femme m'est ravie en pleine lune de miel! Enlevons la poussière! La poussière c'est le contraire de la femme... Tapez sur la poussière elle s'en va... Tapez sur la femme elle revient.

JULIEN, entrant.

Monsieur Taverny n'est pas au bureau. Est-il chez lui ?

JEAN.

Oui, monsieur, dans son appartement. Oserai-je adresser à monsieur une question ?

JULIEN.

On peut toujours m'adresser une question polie

JEAN.

Est-ce que ça va durer encore longtemps cette situation ?

JULIEN.

De quoi vous mêlez-vous ?

JEAN.

De mon bonheur.

JULIEN.

Je ne comprends pas.

JEAN.

On ne comprend pas le malheur des autres... Thérèse, ma femme, a suivi dans sa retraite, madame Taverny, il y a de cela trois semaines.

JULIEN.

Eh bien ?

JEAN.

Voilà trois semaines, que le soir, je rentre dans ma chambre avec mon bougeoir... seulement, et que j'y demeure pensif et solitaire, toute la nuit.

JULIEN.

Qu'est-ce que vous me racontez là ? Vous n'allez pas voir Thérèse ?

JEAN.

Si monsieur, mais rarement, furtivement, dans la

journée et en ami ; je ne l'ai jamais autant aimée que depuis que nous sommes séparés... Voilà comment nous sommes, nous autres hommes.

JULIEN.

Parlez pour vous.

JEAN.

Pensez donc, il y a à peine trois mois que je suis marié, ma femme aussi. Je suis dans toute la force de ma lune de miel. Tenez, il y aurait encore un moyen d'arranger les choses. Si M. Taverny ne reprend pas sa femme, qu'il reprenne au moins la mienne.

JULIEN.

Parlez-lui en.

JEAN.

Je n'ose pas, il est trop maussade.

JULIEN.

Vraiment ?

JEAN.

Il est insupportable, sauf le respect que je lui dois. Je lui dois pour quatre-vingts francs de respect par mois.

JULIEN.

Eh bien ! tenez, donnez-lui en pour vingt francs de plus ce mois-ci.

Il lui donne un louis.

JEAN.

Merci, monsieur.

JULIEN.

Et allez lui dire que je l'attends.

JEAN.

Oui, monsieur. (*S'en allant.*) Cette séparation me tue.

Il sort.

ANDRÉ.

Que désirez-vous?

THÉRÈSE.

Madame en s'en allant, n'a emporté que le strict nécessaire. Elle a laissé notamment ses toilettes de bal, et je viens demander à monsieur la permission de les prendre.

ANDRÉ, à Julien, avec indignation.

Ses toilettes de bal !

JULIEN.

Moi, j'ai tout renvoyé à Lucie. Pourquoi garder le cadre d'un tableau qu'on a rendu ?... J'avais espéré que c'était un Trouillebert, ce n'était qu'un Corot... Je m'en suis débarrassé.

THÉRÈSE.

Monsieur m'autorise-t-il à emporter ces toilettes ?

ANDRÉ.

Pourquoi madame, dans sa position, envoie-t-elle chercher ses robes de bal ?

THÉRÈSE.

Pour aller au bal, monsieur.

ANDRÉ, à Julien.

Tu l'entends ?

JULIEN.

Qu'est-ce que ça peut te faire ? C'est son droit... Alors, elles sont heureuses, ces dames?

THÉRÈSE.

Oui, monsieur. La femme de monsieur surtout. Elle est gaie comme un pinson et elle chante comme une fauvette.

JULIEN.

Ce n'est pas étonnant de la part d'une jeune fille élevée aux Oiseaux.

ANDRÉ.

Qu'est-ce que ça peut nous faire ?

JEAN, à part.

Egoïste. (Haut.) C'est que... elle désirerait parler à monsieur...

JULIEN, à part.

Viendrait-elle en parlementaire? (A Jean.) Faites entrer.

Jean sort.

ANDRÉ.

Je ne serais pas fâché d'avoir des nouvelles de ta femme.

SCÈNE IV

Les Mêmes, THÉRÈSE, JEAN.

Thérèse doit jouer cette scène avec finesse et ironie.

JEAN, annonçant sa femme.

Madame Thérèse Poincelet.

JULIEN.

Il annonce sa femme !

THÉRÈSE, entrant du fond.

Bonjour, messieurs.

JULIEN.

Bonjour, Thérèse.

THÉRÈSE.

Ces messieurs vont bien?

JULIEN.

Comme vous voyez. (Bas à André.) Ne fais donc pas cette figure.

SCÈNE II

JULIEN, puis ANDRÉ.

JULIEN, *seul.*

Ce n'est pas douteux, André regrette sa femme. Si je peux trouver un bon moyen pour les réconcilier, je le ferai... Quant à moi, je suis très heureux, très heureux. J'ai loué rue Vivienne, 33 bis, un petit appartement meublé pour faire mes farces. J'y ai mis une bonne... en attendant. Je vais renouer avec Adolpha, une ancienne, une bonne fille. Je lui ai écrit pour lui donner rendez-vous à trois heures, aujourd'hui. J'ai sa réponse. Elle accepte, naturellement... Je vais tromper ma femme! N'est-ce pas un peu trop tôt? Puis-je tromper Lucie au bout de trois semaines? oui... Oh! non, il faut un temps moral. Que diable! Il faut au moins... un mois. Je connais les convenances... J'ajournerai Adolpha.

ANDRÉ, *maussade, entre de droite.*

Qu'est-ce que tu veux?

JULIEN.

Comme je ne t'ai pas trouvé au bureau, je suis monté pour voir si tu n'étais pas souffrant.

ANDRÉ.

Pourquoi serais-je souffrant?

JULIEN.

Ne te fâche pas.

ANDRÉ.

Je ne me fâche pas.

JULIEN.

Tu t'es amusé cette nuit, hein?

ANDRÉ

Cette nuit. Où çà ?

JULIEN.

Au bal des artistes. Je t'avais dit : Veux-tu venir au bal des artistes? Tu m'as répondu : Je m'en moque pas mal. Alors nous y sommes allés.

ANDRÉ.

J'ai regardé danser.

JULIEN.

Moi j'ai cherché les artistes. Et voilà !...

ANDRÉ.

Et voilà !...

JULIEN.

Dis donc, il y a aujourd'hui trois semaines...

ANDRÉ.

Plaît-il ?

JULIEN.

Il y a aujourd'hui trois semaines que nous sommes garçons. C'était le 4.

ANDRÉ, dédaigneux.

Tu comptes, toi ?

JULIEN, vivement.

Une date n'est pas un regret. Je compte, mais je compte gaîment. (Il chante.) Un, deux, trois, quatre

ANDRÉ.

Moi, j'oublie.

JULIEN.

Alors, tu n'aimes plus Jeanne ?

ANDRÉ

Je l'ai en horreur.

JULIEN.

Peut-on oublier si vite !... Car enfin vous vous êtes adorés.

ANDRÉ, *de mauvaise humeur.*

Adorés !

JULIEN.

Oui, adorés !... Vous vous embrassiez devant le monde.

ANDRÉ.

Devant le monde !

JULIEN.

Devant Lucie et moi. Tu vas nous biffer du monde maintenant ! Vous paraissiez fous l'un de l'autre, et on disait : Ils sont charmants !... Voilà des gens qui ne doivent pas s'ennuyer dans l'intimité.

ANDRÉ.

Ces souvenirs sont inutiles, puisque tout est fini.

JULIEN.

Dis donc, est-ce que tu prendras une maîtresse, toi ?

ANDRÉ.

Certainement.

JULIEN.

Moi, j'en prendrai deux. (*A part.*) C'est moins...

SCÈNE III

Les Mêmes, JEAN

JEAN.

Monsieur, ma femme est là.

ANDRÉ, à Jean qui contemple sa femme, les bras ballants.

Qu'est-ce que vous attendez, vous ?

JEAN, avec béatitude.

Je regarde ma femme.

JULIEN, à André.

C'est son droit. (A Thérèse.) Parlez-nous un peu de la vie que mènent ces dames.

ANDRÉ.

Que nous importe ?

JULIEN.

Mais il n'y a pas de mal à ça. Bien mieux, il est poli, il est courtois de s'informer de la santé de la famille Bonneval.

THÉRÈSE.

Madame Bonneval se lève à sept heures, M. Bonneval à huit, mademoiselle Marthe aussi.

JULIEN.

Et le mariage de mademoiselle Marthe ?

THÉRÈSE.

Elle a dit qu'elle ne se marierait pas avec M. Chauvel tant que ses sœurs seraient séparées.

JULIEN.

Eh bien ! elle attendra longtemps.

THÉRÈSE, très calme.

C'est ce que lui disent ses sœurs. Madame Bertaut et madame Taverny se lèvent à onze heures.

JULIEN.

Elles font la grasse matinée.

THÉRÈSE

On déjeune, on lit les journaux, on parle du spectacle de la veille.

ANDRÉ.

Elles vont au théâtre?

THÉRÈSE.

Deux ou trois fois par semaine... au moins. Et, hier, au concours hippique.

ANDRÉ.

C'est charmant.

JULIEN.

Mais qu'est-ce que ça te fait? C'est leur droit.

THÉRÈSE.

Vers trois heures, ces dames s'habillent pour aller se promener; quand le temps est mauvais, on fait de la musique; le mardi et le vendredi, il vient du monde, beaucoup de monde.

JULIEN.

Qu'est-ce qu'on lui dit à ce monde?

THÉRÈSE.

Mais je n'y suis pas, monsieur.

JULIEN.

Naturellement;... je vous demande comment on explique notre séparation?

THÉRÈSE.

On raconte les choses telles qu'elles se sont passées.

ANDRÉ.

C'est heureux.

JULIEN.

A la bonne heure!

THÉRÈSE.

On dit que M. Taverny faisait constamment des scènes à madame.

JULIEN, à André.

Ça, c'est pour toi.

THÉRÈSE.

Et que M. Bertaut a eu la cruauté de rendre madame à sa famille sans raison.

JEAN, à Julien.

Ça, c'est pour vous.

ANDRÉ.

Les tribunaux apprécieront.

JULIEN.

Les tribunaux !

ANDRÉ, en colère.

Je veux divorcer. Vous pouvez dire cela à madame de ma part.

THÉRÈSE,

Je ferai la commission. Puis-je prendre les toilettes, monsieur ?

ANDRÉ.

Prenez tout ce que vous voudrez.

THÉRÈSE, railleuse.

Je remercie monsieur de son amabilité.

JEAN, à Thérèse en sortant.

Je vais t'aider. Laisse-moi t'aider. Tu verras !

JULIEN, à part désignant Jean.

C'est le plus heureux des trois, lui.

Thérèse et Jean sortent.

SCÈNE V

JULIEN, ANDRÉ.

ANDRÉ, indigné.

Elles vont au concours hippique!... Elles font de la musique!

JULIEN.

Qu'est-ce qui nous empêche d'en faire autant? Allons, mets-toi au piano!

ANDRÉ.

Laisse-moi donc tranquille. Tu es insupportable.

JULIEN, arpentant la scène.

C'est toi qui es insupportable... Moi, je suis gai! ohé! ohé! ohé! ohé! Tiens, joue-moi *Joséphine*. Ta femme adore ça et moi aussi.

Il pousse André au piano et l'y installe.

JULIEN, chantant.

Ugène (bis)
Tu m'fais languir,
Ousqu'y a d'l'hygiène,
Y a pas d'plaisir.

JEAN, annonçant.

M. et madame Bonneval.

André au piano et Julien, près de lui, reprennent en chœur très fort : Ugène! etc... M. et Madame Bonneval entrent sur le premier vers et paraissent stupéfaits. André, en voyant entrer M. et Madame Bonneval, chante plus fort.

SCÈNE VI

LES MÊMES, M. et MADAME BONNEVAL.

BONNEVAL.

Vous êtes gais...

JULIEN, feignant la surprise.

Monsieur et madame Bonneval !...

MADAME BONNEVAL, à André.

Vous êtes donc musicien, vous ?

JULIEN.

Il pianote.

MADAME BONNEVAL.

Il n'a jamais joué devant nous.

JULIEN.

Il est discret.

ANDRÉ.

Donnez-vous donc la peine de vous asseoir, je vous en prie.

Il fredonne.

BONNEVAL.

Pardonnez-nous d'interrompre votre petit concert.

MADAME BONNEVAL.

Nous serions allés chez vous en sortant d'ici, mon cher Julien, mais puisque nous vous rencontrons...

BONNEVAL.

Nous ferons d'une pierre deux coups.

JULIEN.

Qu'est-ce qui nous vaut l'honneur de votre visite ?

BONNEVAL.

Nous vous avons attendus tous les jours, depuis trois semaines.

JULIEN.

Où ça?

BONNEVAL.

A la maison.

JULIEN.

Pour quoi faire?

BONNEVAL.

Voyons, cette situation ne saurait durer.

ANDRÉ.

C'est notre avis.

MADAME BONNEVAL.

A la bonne heure!

ANDRÉ.

Et pour mon compte, je vais demander le divorce.

MADAME BONNEVAL.

Hein!

BONNEVAL.

Le divorce?

MADAME BONNEVAL.

Mais le monde, que va dire le monde?

JULIEN.

Il en a vu bien d'autres, le monde.

Il fredonne.

MADAME BONNEVAL.

Mais c'est inouï, messieurs, inouï.

BONNEVAL.

Voyons, Jeanne et Lucie sont des enfants.

ANDRÉ.

Il fallait en faire des femmes.

BONNEVAL.

C'est bien dur pour un père.

MADAME BONNEVAL, larmoyant.

Et pour une mère! Qu'est-ce que je vous ai fait, moi?

ANDRÉ.

Madame, je consentirais volontiers à habiter avec vous. C'est le plus bel éloge qu'on puisse faire d'une belle-mère, mais avec ma femme... Oh! non!

JULIEN.

Madame, je consentirais volontiers à habiter avec vous. C'est le plus bel éloge qu'on puisse faire d'une belle-mère, mais avec ma femme, jamais de la vie!... Oh! n'insistez pas, vous me désobligeriez.

Ils saluent et sortent.

SCÈNE VII

BONNEVAL, MADAME BONNEVAL, puis JEANNE, puis LUCIE, puis JULIEN.

MADAME BONNEVAL.

Un divorce! Et tu restes froid?

BONNEVAL.

Non, ma bonne, je ne suis pas froid, je reste calme.

Jeanne et Lucie entrent.

MADAME BONNEVAL.

Lucie et Jeanne! quel bonheur!

JEANNE, étonnée de voir ses parents.

Papa!

LUCIE, même ton.

Maman !

BONNEVAL.

Vous !...

JEANNE.

Vous ici !...

BONNEVAL, gravement.

Pour affaires...

JEANNE, avec conviction.

Moi aussi, pour affaires. Je suis la plus heureuse des femmes !

LUCIE.

Et moi donc !

MADAME BONNEVAL.

C'est bien le moment. Ton mari demande le divorce.

JEANNE.

C'est ce que Thérèse est venue me dire.

MADAME BONNEVAL.

Tu es heureuse ?

JEANNE, piquée.

Ravie ! Notre mésintelligence se termine de la façon la plus naturelle du monde, et je me suis hâtée de venir pour remercier M. Taverny et m'entendre avec lui au sujet de notre divorce.

LUCIE.

Et moi je l'accompagne pour la défendre au besoin.

MADAME BONNEVAL.

C'est de la folie.

LUCIE.

Comment se portent vos gendres ?

BONNEVAL.

Quand nous sommes entrés, ils faisaient de la musique.

MADAME BONNEVAL.

Ils chantaient.

JEANNE.

C'est charmant.

Julien entre; il porte sous le bras un paquet de valeurs.

BONNEVAL, à Lucie.

Ton mari chante faux.

LUCIE.

Il chante comme il parle.

JULIEN.

Je vous remercie.

LUCIE.

Je ne vous parle pas, j'accompagne ma sœur.

JULIEN, à part.

Elle a engraissé, mon ancienne femme. (A Jeanne.) Comment vous portez-vous, ma chère Jeanne?

JEANNE.

Je ne vous connais pas, monsieur. (A part.) Quel aplomb!

JULIEN, à Bonneval.

Voici, monsieur!

Il lui donne le paquet.

BONNEVAL.

Qu'est-ce que c'est que ça?

JULIEN.

C'est quatre cent mille francs, en bons du Trésor et en valeurs de premier ordre. Nous remboursons la dot; vous comprenez que nous ne pouvions pas rendre les femmes et garder l'argent. Ce serait trop commode.

BONNEVAL.

Merci, monsieur, de ne l'avoir pas mangé; je vais vous faire un reçu.

JULIEN.

C'est inutile ; vous êtes un honnête homme, vous ne réclamerez pas la somme deux fois.

JEANNE

Ils rendent la dot.

LUCIE.

Ils y ont mis le temps.

Jeanne sonne.

BONNEVAL, à madame Bonneval.

Tiens-moi ça. (Il lui passe le paquet de valeurs.) Et ne le perds pas.

Jean entre.

JEANNE.

Jean, voulez-vous demander à M. Taverny s'il peut me recevoir ?

JEAN.

Bien, madame.

JULIEN, à part.

Tiens ! faiblirait-elle ?

MADAME BONNEVAL, à M. Bonneval.

Restons-nous, Bonneval ?

BONNEVAL.

Allons attendre dans le boudoir.

MADAME BONNEVAL, à Jeanne.

Je t'en prie, ma chère enfant, réfléchis. Tu as eu des torts.

JEANNE.

Mais puisque je suis heureuse, ma mère.

MADAME BONNEVAL.

Ton père et moi, nous ne le sommes pas.

JEANNE.

Vous ferez comme moi, vous oublierez.

LUCIE, à Jeanne.

Tu peux dire comme nous.

BONNEVAL.

Viens, ma bonne. (S'en allant.) Ne perds pas le paquet.

SCÈNE VIII

Les Mêmes, moins LES BONNEVAL, puis ANDRÉ.

LUCIE, à Jeanne.

Dès l'instant qu'André veut divorcer, ça ira tout seul. Ah ! tu as de la chance, toi.

JULIEN, au public.

Moi, je suis très heureux. Je me lève à huit heures, en garçon... Je prends mon chocolat, en garçon... Je vais au bureau, en fredonnant des airs d'opérette... Je déjeune au restaurant... en garçon. Je sors le soir, je fume... car je fume à présent, et je me couche, quand je veux, en garçon.

LUCIE, en colère.

Monsieur !

JULIEN.

Je ne vous parle pas, madame, je parle à une personne en l'air.

LUCIE.

Si j'avais su rencontrer ici (Appuyant.) un étranger, je ne t'aurais pas accompagnée.

JEANNE.

Lucie, du calme.

LUCIE.

Tu as raison... le calme de l'indifférence... Ah! nos parents se sont bien trompés. Ils m'ont dit : prends-le, c'est un honnête homme. Un an après, j'étais rendue à ma famille.

JEANNE.

Tu avais cessé de plaire.

JULIEN, *au public.*

Ai-je été bête! Au lieu de me montrer fort, au début, je me suis montré affable et complaisant. Un an après... j'étais heureux.

LUCIE.

C'est poli...

JULIEN.

Je parle à une personne en l'air.

LUCIE, *allant à Julien.*

Il n'y a pas de personne en l'air. Mais il pourrait y avoir des gifles dans l'air.

JULIEN, *au public.*

Telle est ma femme.

JEANNE, *voyant entrer André.*

Voici l'autre!

SCÈNE IX

LES MÊMES, ANDRÉ, *puis* BONNEVAL, MADAME BONNEVAL.

ANDRÉ, *même ton que Julien.*

Mesdames... Votre santé est bonne, ma chère Lucie.

LUCIE, très sec.

Bonjour, monsieur.

JULIEN, à part.

Attrape !

ANDRÉ.

Quelle froideur !

LUCIE.

Je suis comme il faut être avec le bourreau de ma sœur.

JULIEN, à André.

Ne t'approche pas, elle a failli me mordre.

ANDRÉ, à Jeanne.

Vous m'avez fait demander, madame, je me tiens à vos ordres.

JEANNE.

Si vous le permettez, monsieur, ma sœur assistera à notre entretien.

JULIEN.

Alors, moi aussi.

Les quatre personnages s'asseoient. Lucie et Jeanne à gauche Julien et André à droite.

JEANNE.

Si mes renseignements sont exacts, vous songez au divorce ?

ANDRÉ.

Oui, madame.

JEANNE.

Ce sera, si vous le voulez bien, le sujet de notre conversation. (André s'incline.) Vous pensez comme moi que le divorce vaut mieux qu'une séparation à l'amiable qui m'obligerait à porter, ou plutôt à supporter votre nom.

JULIEN, à André.

Ne bouge pas, je prends des notes : (Il écrit sur son carnet.) Supporter votre nom...

JEANNE.

Avec le divorce, si vous reprenez votre vie de garçon, je reprends, moi, mon nom et mes avantages de jeune fille.

JULIEN, à part.

Oh ! les avantages, pas tous.

ANDRÉ.

Abrégeons, madame.

JEANNE.

Abrégeons. J'y tiens autant que vous.

On voit la porte de gauche, par où sont sortis M. et madame Bonneval, s'entr'ouvrir et M. Bonneval regarde; madame Bonneval montre sa tête derrière lui.

BONNEVAL, bas à madame Bonneval.

Peut-être que ça va s'arranger.

JEANNE.

Donc, nous allons divorcer.

Bonneval ferme la porte brusquement.

JULIEN.

Pourquoi ?

JEANNE.

Comment, pourquoi ?

JULIEN.

Oui, pour quelle raison divorcez-vous ?

JEANNE.

Pour les sévices et les injures graves dont monsieur s'est rendu coupable envers moi.

JULIEN, à André.

Je ne savais pas ça.

ANDRÉ.

Moi non plus.

JEANNE.

Et ma robe, jetée par la fenêtre?

ANDRÉ.

Votre robe, ce n'est pas vous.

LUCIE.

Il regrette de ne pas t'avoir jetée par la fenêtre! Je note ça.

Elle sort un carnet de sa poche. Même jeu que Julien plus haut.

JEANNE.

Le tribunal appréciera.

JULIEN.

Jamais un avoué ne consentira à se charger de cette affaire-là. Un avocat, je ne dis pas, mais un avoué... Ils sont sérieux, les avoués!

Bonneval passe la tête.

JEANNE.

Si cela ne suffit pas, je dirai que monsieur a insulté ma mère, et qu'il l'a même grièvement blessée au front.

ANDRÉ.

Moi, madame?

JEANNE.

Non, mais je le raconterais pour avoir un motif de divorce... Nous étions à dîner, chez mes parents, un dimanche. Mon excellente mère, toujours pleine de prévoyance et de délicatesse, vous avait passé une aile de perdreau; mon bon père, toujours complaisant et plein de tact avait monté de la cave du Château-Laffitte.

BONNEVAL, toujours derrière la porte.

A quinze francs la bouteille, c'est vrai.

JEANNE.

Après le dîner, ma bonne mère vous proposa bien humblement des billets de loterie, à vingt sous le billet; alors, sans que rien pût justifier votre grossièreté, vous dites à ma mère : Voilà assez longtemps que vous me la faites aux billets de loterie. — Mais monsieur, répondit ma pauvre mère, en tremblant comme la feuille, je ne vous force pas à les prendre... — Si, madame, vous me forcez ! et, donnant un grand coup de poing sur la table, vous fîtes sauter dans les airs une pile d'assiettes dont les éclats blessèrent ma mère au front. (Elle en arrive à être très émue.) Ma pauvre mère fut obligée de garder le lit pendant trois semaines avec un bandeau sur 'œil.

LUCIE, écrivant.

Un mois... bandeau sur l'œil...

BONNEVAL, à part.

Je ne me rappelle pas ça.

JEANNE.

Voilà la petite histoire que j'inventerai pour obtenir le divorce... Voulez-vous divorcer, oui ou non ?

ANDRÉ.

Je veux... je veux... mais en restant un galant homme.

ANDRÉ.

Acceptez, au moins, d'avoir insulté ma mère.

JULIEN, à André.

Tu ne peux pas lui refuser ça... Ce n'est que ta belle-mère, après tout.

ANDRÉ.

Il y a un moyen plus simple.

JEANNE.

Plus simple que le mien ? Ce n'est pas possible...

ANDRÉ.

Aussi simple et plus honorable... pour moi... Lorsque deux époux ne peuvent plus vivre ensemble...

JEANNE.

Comme vous et moi.

ANDRÉ.

J'allais le dire... les deux époux n'ont qu'un moyen un peu convenable de divorcer, c'est le flagrant délit du mari.

JEANNE, amère.

Que voulez-vous dire ?

ANDRÉ.

C'est bien simple. J'invite à dîner, en cabinet particulier, une petite femme quelconque...

JULIEN.

Quelconque.

JEANNE, furieuse.

Alors vous me tromperiez pour la première venue?

ANDRÉ.

Ecoutez-moi donc, madame, ou je ne divorce pas.

JEANNE.

Je vous écoute, mais il serait plus convenable d'avoir insulté ma mère.

M. et madame Bonneval entr'ouvrent la porte.

MADAME BONNEVAL, bas.

Ça s'arrange-t-il, Bonneval ?

BONNEVAL, bas.

Non, ma bonne.

ANDRÉ.

Avec votre moyen, je joue un rôle odieux, avec le mien je reste dans les usages.

JEANNE.

Les usages ?

JULIEN.

Eh ! oui, vous savez bien que tous les maris trompent leurs femmes.

BONNEVAL, derrière la porte, à madame Bonneval qui est à côté de lui.

Ça n'est pas vrai.

JEANNE, à Julien.

Qu'est-ce que vous racontez là, vous ?

ANDRÉ.

N'oublions pas qu'il s'agit dans l'espèce d'un simple simulacre...

JEANNE.

Jamais je ne consentirai à jouer cettte comédie indécente.

JULIEN.

Et vous avez tort! Elle est excellente, son idée... Si Lucie veut.

LUCIE.

Lucie? De qui parlez-vous?

JULIEN.

De vous. Si vous voulez, nous divorcerons comme cela, tous les quatre, un divorce carré.

JEANNE, à Lucie.

Ton mari est grotesque.

ANDRÉ.

Votre dernier mot, madame?

JEANNE.

Injures et sévices graves.

ANDRÉ.

Non, flagrant délit.

MADAME BONNEVAL, à Bonneval.

Ça s'arrange-t-il?

BONNEVAL.

Non, ma bonne.

JEANNE, à André.

Vous recevrez du papier timbré.

ANDRÉ.

Avec plaisir.

LUCIE, à Julien.

Et vous aussi.

JULIEN.

Avec volupté

JEANNE.

Je cours chez mon avoué.

LUCIE.

Moi aussi.

M. et madame Bonneval entrent.

BONNEVAL.

Arrêtez... Moi, votre père, je vous défends d'aller chez votre avoué.

MADAME BONNEVAL.

Vous tuerez votre mère!

JULIEN.

Il le faut, madame.

BONNEVAL.

Vous voulez tuer ma femme!

ANDRÉ.

Il dit que ce divorce est nécessaire.

JEANNE.

A la bonne heure.

BONNEVAL.

Vous ne voulez pas renoncer au divorce?

JEANNE.

Plutôt mourir.

BONNEVAL.

Eh bien! vous ne rentrerez pas chez moi.

MADAME BONNEVAL.

Amédée!

BONNEVAL.

Non, ma bonne, elles ne rentreront pas chez moi.

JULIEN, *à part.*

C'est bien fait.

LUCIE, *à Jeanne.*

Nous irons à l'hôtel, voilà tout.

BONNEVAL.

Très bien, mais j'ajouterai ceci : je vous coupe les vivres.

JEANNE.

Comment ?

BONNEVAL.

Vous n'avez pas le sou.

JEANNE.

Et ma dot ?

BONNEVAL.

Je la garde, la dot. Plus de mariage, plus de dot.

JEANNE.

Nous vendrons nos diamants.

LUCIE.

Et, après, nous mourrons de faim, voilà tout.

MADAME BONNEVAL, *à Bonneval.*

Tu vas trop loin.

BONNEVAL.

Non, ma bonne... Adieu, mesdames

JEANNE.

Papa !

BONNEVAL.

Il n'y a plus de papa

LUCIE, larmoyante.

Maman !

MADAME BONNEVAL, lui tendant les bras.

Il y a toujours une maman !

BONNEVAL, à madame Bonneval.

Pas de faiblesse !

MADAME BONNEVAL.

Une mère n'est pas un père.

BONNEVAL, ému.

Je ne dis pas le contraire, mais allons-nous en ! (A part.) ou, sans ça, j'embrasse aussi.

Ils sortent. Jeanne sanglote. Lucie pleure également.

SCÈNE X

LES MÊMES, moins les BONNEVAL.

Tandis que les deux femmes pleurent, les deux maris s'interrogent du regard.

JULIEN, à André.

Il a été très bien, le beau-père, je lui enverrai ma carte.

JEANNE.

Il est inutile de pleurer. Ça ne changera rien. Viens, Lucie.

LUCIE.

Où ?

JEANNE.

Où tu voudras.

LUCIE.

Je suis sortie sans mon porte-monnaie.

JEANNE.

Rassure-toi, j'ai le mien. (Elle sort et l'ouvre.) J'ai trente-huit francs et un timbre-poste.

LUCIE.

Avec le timbre, nous écrirons à maman qui ne nous laissera pas dans la misère.

Fausse sortie des deux femmes

JULIEN, les arrêtant.

Pardon, mesdames.

JEANNE.

Vous dites ?

JULIEN.

Derrière le mari froissé, il y a l'homme du monde. C'est ce dernier qui vous parle.

ANDRÉ, à part.

Que va-t-il faire ?

JULIEN.

Le divorce n'est pas encore prononcé.

JEANNE.

Hélas !

LUCIE.

Malheureusement.

JULIEN.

Malheureusement ! Et il serait discourtois de vous laisser sans abri.

JEANNE.

Il y a des hôtels.

LUCIE.

Et notre mère.

ANDRÉ.

C'est évident.

JULIEN, *à André.*

Je te prie de laisser parler l'homme du monde... Restez ici, mesdames.

JEANNE.

Jamais!

ANDRÉ.

Tu vois.

JULIEN, *à André.*

Te tairas-tu! (*Aux femmes.*) Permettez-moi de vous offrir cet appartement jusqu'à nouvel ordre.

ANDRÉ, *à part.*

Il offre mon appartement!

JULIEN.

Quant à André, je lui donnerai l'hospitalité chez moi.

LUCIE.

De cette façon, nous pouvons accepter.

JEANNE.

En payant, bien entendu.

JULIEN.

Oh! sans payer.

JEANNE, *sévèrement.*

A quel titre alors?

JULIEN.

En payant, si vous voulez. Vous êtes ici chez vous. Viens, André, allons travailler.

ANDRÉ, *à part, avant de sortir, regardant Jeanne.*

Elle est de marbre

JEANNE, *même jeu.*

Il est de bronze forgé.

JULIEN, à part, regardant sa femme.

Décidément, elle a engraissé.

SCÈNE XI

LUCIE, JEANNE.

LUCIE.

Nous allons, enfin, être bientôt délivrées.

JEANNE.

Chez quel avoué allons-nous ?

LUCIE.

Chez Me Bonami. Il a la spécialité des divorces pour dames.

JEANNE.

Celui-là ou un autre...

LUCIE.

Que vas-tu lui dire, toi, à Me Bonami ? Julien a raison. Ton mari ne t'a ni injuriée ni battue. Ah ! s'il avait une maîtresse.

JEANNE.

Une maîtresse, lui ! Il m'aime trop pour cela !

LUCIE.

Un homme peut adorer sa femme et la tromper.

JEANNE.

Allons donc !

LUCIE.

Julien ne nous l'a pas caché tout à l'heure. Tandis que nous, quand nous aimons notre mari, nous sommes fidèles et c'est là notre supériorité.

JEANNE.

Mon mari aurait une maîtresse ?

LUCIE.

J'en mettrais la main au feu.

JEANNE.

Mais c'est épouvantable !

LUCIE.

Tu aimes donc encore André ?

JEANNE.

Non, je ne l'aime pas,... mais je suis jalouse.

LUCIE.

Tu étais tout feu, tout flamme, pour divorcer !

JEANNE.

J'espérais que cela lui ferait de la peine.

LUCIE.

Crois-en ma vieille expérience. Tu es folle de lui. Va lui demander pardon.

JEANNE, *s'emportant.*

Tu m'ennuies! Ton mari a raison, tu ne sais qu'envenimer les choses.

LUCIE.

Moi, envenimer! C'est admirable. Voilà deux heures que je te dis de céder, d'aller demander pardon.

JEANNE.

Tu m'agaces.

LUCIE, *s'en allant.*

Toi aussi.

SCÈNE XII

JEANNE, puis JULIEN.

JEANNE, *quand la porte s'est refermée.*

Une maîtresse. Il aurait une maîtresse !

Elle regarde autour d'elle et voit la clef au secrétaire. Elle fouille et referme vivement en voyant entrer Julien.

JULIEN, qui a surpris Jeanne, gracieusement.

Ne vous gênez pas; vous êtes chez vous.

JEANNE, embarrassée.

Je croyais ce meuble vide et je rangeais différents objets.

JULIEN.

Lesquels ?

JEANNE.

Laissez-moi tranquille.

JULIEN, il tient à la main une photographie.

J'apporte un cadeau pour ma femme. La photographie de M. Naquet, notre sauveur !

JEANNE.

Je reconnais bien là votre délicatesse habituelle.

JULIEN, au portrait.

Ô grand homme, je t'adore !

JEANNE.

Pas tant que moi.

Elle sort.

SCÈNE XIII

JULIEN, seul.

Toi... tu es jalouse,... André se désole! Il faut réconcilier ces deux êtres-là. J'ai pensé à la lettre d'Adolpha, pour leur faire une bonne farce, dans leur intérêt, bien entendu. Relisons-la : « Chien chéri, ta lettre me comble de joie, je t'attendrai à 3 heures. Ton Adolpha, avant, pendant et après. 20 avril 86. » Il n'y a pas de nom. La lettre peut avoir été adressée à tout le monde. J'ai télégraphié à Adolpha de ne pas se déranger; je la remets à huitaine, et si mon plan réussit, c'est Jeanne et André qui se rencontreront, rue Vivienne. Au fond ils s'adorent et ce sera bien difficile si, une fois seuls, ils ne s'entendent.

SCÈNE XIV

JULIEN, ANDRÉ, puis JEAN.

ANDRÉ.

Où est Jean ? Je sonne, il ne vient pas. Je veux qu'il fasse ma malle.

JULIEN.

Et qu'il la porte chez moi ?

ANDRÉ.

Et qu'il la porte à la gare.

JULIEN.

Tu vas en voyage ?

ANDRÉ.

Oui, je vais en voyage. C'est mon droit.

JULIEN.

Où vas-tu ?

ANDRÉ.

En Hollande.

JULIEN, à part.

Si je veux !

JEAN, entrant.

Monsieur me sollicite ?

ANDRÉ.

Jean, vous ferez ma malle.

JEAN.

Oui, monsieur.

ANDRÉ.

Nous partons ce soir.

JEAN, soulignant.

Nous partons ?

ANDRÉ.

Pour la Hollande.

JEAN.

La Hollande ? Connais pas. Qui est-ce qui part ?

ANDRÉ.

Vous et moi.

JEAN.

Ça ne ferait rien à monsieur de ne partir que demain?

ANDRÉ.

Tu es fou.

JEAN.

Je ne pourrai pas suivre monsieur plus tôt.

ANDRÉ.

Pourquoi ?

JEAN.

Ma femme vient à peine de m'être rendue...

JULIEN.

C'est son droit. Il n'est pas brouillé avec sa femme, lui...

JEAN.

Au contraire. Ah ! si ces messieurs pouvaient prendre exemple sur mon ménage ! Nous nous disputons tout le temps, Thérèse et moi, mais nous nous raccommodons chaque fois : autant de disputes, autant de raccommodements... et c'est bien agréable, les raccommodements !...

ANDRÉ.

En voilà assez.

JEAN.

Je m'incline.

ANDRÉ.

Vous ne voulez pas me suivre?

JEAN.

Ma femme vient à peine de m'être rendue!...

ANDRÉ.

Je vous flanque à la porte.

Il sort.

JEAN, dans la direction de la sortie d'André.

Despote! va... Czar!...

JULIEN.

Je vais l'empêcher de partir celui-là.

JEAN, très touché.

Merci, monsieur.

JULIEN.

Hein?

JEAN.

Vous dites: Je vais l'empêcher de partir celui là. Merci.

JULIEN.

Pas vous, mon beau-frère.

SCÈNE XV

JEAN, JULIEN, JEANNE.

JEANNE, elle a son chapeau.

(A la cantonade.) Thérèse, préparez ma toilette de voyage. (A Jean.) Jean, allez me chercher une voiture, je vous prie.

JEAN.

Monsieur vient de me renvoyer et je préviens madame que j'emmène Thérèse. La femme doit suivre son mari.

JEANNE.

M. Taverny vous renvoie? Moi je vous garde.

JEAN.

Merci, madame.

JULIEN.

Avec vos trente-huit francs?

JEAN.

Madame est bonne.

JEANNE.

Allez me chercher une voiture.

JULIEN.

Vous allez vous promener ?

JEANNE.

Je vais en voyage.

JULIEN.

Où cela ?

JEANNE, le cœur gros.

En Russie.

JULIEN.

Avec vos trente-huit francs ?

JEANNE.

J'en ai été réduite à emprunter les économies de ma femme de chambre qui, du reste, m'accompagne.

JEAN.

Ça ne fait rien à madame de ne partir que demain?

JEANNE.

Pourquoi ?

JEAN.

Ma femme vient à peine de m'être rendue et je n'ai pas eu le temps de lui dire...

JULIEN, à Jean.

Pas de chance, mon ami... Allez chercher la voiture.

JEAN, s'en allant.

Ma femme en Russie? On va me la geler!

SCÈNE XVI

JEANNE, JULIEN.

JULIEN.

Alors, vous partez vraiment?

JEANNE.

Mais oui... Y voyez-vous quelque inconvénient?

JULIEN.

Aucun...

JEANNE.

C'est mon droit.

JULIEN, à part.

Il n'y a plus à hésiter. A moi, Machiavel!

JEANNE.

Je profite de ma liberté.

JULIEN.

Parfait. Alors j'attendrai votre retour pour vous faire la commission dont André vient de me charger.

JEANNE.

Quelle commission?

JULIEN.

Elle n'était urgente que dans le cas où vous vous seriez occupée tout de suite de votre divorce.

JEANNE.

Le voyage n'empêche pas le divorce. Je m'arrêterai chez mon avoué avant d'aller à la gare.

JULIEN.

Cinq minutes d'arrêt,... papier timbré.

JEANNE.

Parlez, je vous écoute.

JULIEN.

André a pensé que votre avoué trouverait peut-être vos griefs insuffisants et, désireux autant que vous d'obtenir le divorce, il m'a chargé de vous remettre cette lettre qui aplanira toutes les difficultés. Mais je ne sais si je dois...

JEANNE.

Donnez, mais donnez donc! (*Lisant.*) « Chien chéri, ta lettre me comble de joie, je t'attendrai à trois heures. Ton Adolpha, avant, pendant et après. 20 avril 86. » — 20 avril 86, c'est aujourd'hui!

JULIEN.

Oui, c'est ce qu'on peut appeler de l'actualité.

JEANNE.

Ah! il a une maîtresse! Voilà donc pourquoi, il insistait tant pour le flagrant délit! Il en avait un tout prêt sous la main. C'est pour cela qu'il refusait d'insulter ma mère.

JULIEN.

Vous pardonnerez la vivacité du procédé en faveur de l'intention.

JEANNE.

Alors, André me trompe. Et qu'est-ce que c'est que cette femme? Une cocotte, une momentanée?

JULIEN.

Oh ! non, une comtesse.

JEANNE.

Ça n'empêche pas.

JULIEN.

La comtesse d'Entrechaux. (A part.) J'anoblis Adolpha.

JEANNE, à part.

Oh ! le misérable ! (Elle pleure.) Et où perche-t-elle cette comtesse, où perche-t-elle ?

JULIEN.

38 bis, rue Vivienne.

JEANNE.

Bien, 38 bis, rue Vivienne.

Fausse sortie.

JULIEN.

Vous ne me remerciez pas ?

JEANNE, le cœur gros.

Merci.

Elle sort.

JULIEN, seul.

Elle ira rue Vivienne. Il s'agit maintenant d'y envoyer André. Oui, mais André connaît mon écriture.

SCÈNE XVII

JEAN, JULIEN, HENRI, puis LUCIE.

JEAN, annonçant.

Le jeune M. Chauvel.

JULIEN.

Bonjour, M. Chauvel.

HENRI.

Je vous salue froidement, monsieur.

JULIEN.

Je vous rends votre salut. Vous désirez?

HENRI.

Mademoiselle Marthe ne veut m'épouser que lorsque ses sœurs seront rentrées dans leur ménage, alors je viens vous sommer de reprendre votre femme.

JULIEN.

Il est fou celui-là!

HENRI.

Ou bien je vous envoie mes témoins.

JULIEN.

Un duel ?

HENRI.

Je vous tuerai.

JULIEN.

Attendez donc que je vous prenne pour médecin

HENRI.

Je suis très malheureux, monsieur.

JULIEN, à part.

Ah! quelle idée ! Voilà mon homme. (Haut.) Voulez-vous me rendre un service ?

HENRI.

Non, monsieur.

JULIEN.

Mettez-vous là. Je vous donne ma parole que vous épouserez Marthe.

HENRI.

De quoi s'agit-il?

JULIEN.

D'écrire la lettre que je vais vous dicter, tout simplement.

HENRI.

Je me livre à vous pieds et poings liés.

JULIEN.

Non, pas les poings, cela vous gênerait pour écrire.

HENRI, *la plume à la main.*

J'attends.

Lucie ouvre doucement la porte de gauche, regarde et écoute.

JULIEN, *dictant.*

« Ma chère Jeanne, je vous aime, vous le savez. Si vos yeux ne mentent pas, vous m'aimez aussi. »

LUCIE, *à part.*

Ah ! mon Dieu !

JULIEN.

Puisque plus rien ne nous sépare, voulez-vous m'accorder un premier rendez-vous ?... Je vous attendrai chez moi, aujourd'hui à trois heures. A vous ! à vous ! à vous ! » Point d'exclamation.

HENRI.

Point d'exclamation...

JULIEN.

Signez : Comte René d'Entrechaux.

HENRI.

Pourquoi d'Entrechaux ? Vous ne vous appelez pas d'Entrechaux.

JULIEN.

C'est mon pseudonyme, mon nom de guerre pour faire des bêtises.

LUCIE, à part, derrière la porte.

Quelle infamie !

JULIEN, finissant de dicter.

38 bis, rue Vivienne !

LUCIE.

38 bis, rue Vivienne !

JULIEN, à part.

Et maintenant, je vais dire à André que j'ai trouvé cette lettre dans la chambre de sa femme.

Il sort.

HENRI, interloqué.

Il ne me remercie même pas !

SCÈNE XVIII

HENRI, puis LUCIE.

LUCIE, furieuse, entrant de gauche.

Ah ! il a une maîtresse ! Ah ! il se fait appeler d'Entrechaux.

HENRI

Madame Bertaut ! (Timide.) Madame !

LUCIE.

Vous faites un joli métier. Sortez, monsieur

HENRI, interloqué.

Oui, madame. (En sortant, à part.) J'ai peut-être eu tort d'écrire cette lettre ! Je vais prévenir M. Bertaut !

Il sort à droite.

LUCIE, seule.

38 bis, rue Vivienne, à trois heures. Nous serons trois au rendez-vous !

Elle sort.

SCÈNE XIX

JEAN, BONNEVAL, entrant du fond, puis JEANNE.

BONNEVAL.

Où sont mes enfants ?

JEAN.

Je ne sais pas. J'étais en train d'expliquer à Thérèse...

BONNEVAL, au public.

J'ai des remords ! Peut-être que Jeanne et Lucie se trouvent maintenant sans abri dans la capitale !... Ma femme est en bas dans un fiacre.

JEAN.

Bien, monsieur.

BONNEVAL.

Elle pleure ! Le cocher lui-même est ému. Je viens voir si mes gendres ont eu la cruauté de laisser partir mes filles. (Jeanne entre ; elle a son chapeau.) Jeanne !

JEANNE, se jetant dans ses bras en pleurant.

Ah ! papa ! papa !

BONNEVAL.

Ma pauvre fille, rassure-toi. Ton père te reste et ta mère aussi. Elle est en bas dans un fiacre et elle pleure.

JEANNE.

Ah ! si tu savais !

BONNEVAL.

Il y a du nouveau ?

JEANNE, sanglotant.

Mon mari a une maîtresse.

BONNEVAL.

André ?

JEANNE.

Madame d'Entrechaux, 38 bis, rue Vivienne, à trois heures.

BONNEVAL, regardant sa montre.

Tu rêves.

JEANNE.

J'ai les preuves !

BONNEVAL.

C'est inouï, comme dit ta mère !

JEANNE.

Je vais les tuer !

Elle sort.

BONNEVAL.

Les tuer ! Oh ! mon Dieu ! quelle journée ! Jeanne, Jeanne ! 38 bis, rue Vivienne...

Il sort affolé.

SCÈNE XX

ANDRÉ, puis MADAME BONNEVAL.

ANDRÉ, il tient une lettre à la main.

Une pareille lettre à ma femme ! (Il va à la porte de la chambre de Jeanne et il l'appelle.) Jeanne ! Elle est partie ! plus de doute !

MADAME BONNEVAL, très agitée.

Qu'arrive-t-il ? Bonneval descend. Il me dit : Rentre à la maison. Et il s'en va comme un fou.

ANDRÉ.

Voulez-vous savoir où est Jeanne?

MADAME BONNEVAL.

Oui.

ANDRÉ.

Tenez, madame, lisez.

Il lui donne la lettre dictée par Julien.

MADAME BONNEVAL.

Qu'est-ce que c'est que ça ? (*Elle lit.*) « Ma chère Jeanne, je vous aime, vous le savez. Si vos yeux ne mentent pas, vous m'aimez aussi. Puisque plus rien ne nous sépare, voulez-vous m'accorder un premier rendez-vous? Je vous attendrai chez moi à trois heures. A vous ! A vous ! A vous ! signé : Comte René d'Entrechaux. »

ANDRÉ.

38 bis, rue Vivienne. Et votre fille y est allée !

MADAME BONNEVAL.

Etes-vous fou ! Ma fille, un rendez-vous ! Pour qui nous prenez-vous ?

ANDRÉ.

Oui, madame. Et j'y vais aussi.

MADAME BONNEVAL.

André!

ANDRÉ.

Nous serons trois au rendez-vous !

MADAME BONNEVAL.

André!

ANDRÉ.

Je les tuerai tous les deux !

Il sort par le fond.

MADAME BONNEVAL, *désespérée.*

Quel malheur !

Elle tombe anéantie. — Henri entre par la droite.

SCÈNE XXI

HENRI, MADAME BONNEVAL, JEAN, THÉRÈSE.

HENRI, voyant madame Bonneval évanouie.

Je n'ai pas pu trouver M. Bertaut !... Madame Bonneval ! Au secours ! au secours !

Il la ranime.

JEAN.

Un médecin !

HENRI.

Je suis là. Je la sauve, elle me donnera sa fille.

MADAME BONNEVAL, revenant à elle.

Ah ! c'est vous M. Chauvel, que se passe-t-il ?

HENRI.

Où ça, madame ?

MADAME BONNEVAL

Ah ! je me souviens ! (Terrible.) Je vais 38 bis, rue Vivienne.

Elle sort.

HENRI.

Elle sait tout. Elle va surprendre son gendre. Arrivons avant elle pour le prévenir. 38 bis, rue Vivienne.

Il sort au fond en courant.

ACTE TROISIÈME

Un salon d'appartement meublé. — Porte au fond, qui en s'ouvrant, laisse voir l'antichambre et une seconde porte en face. — Fenêtre dans le pan coupé de gauche. — Deux portes à gauche. — Deux portes à droite. — A gauche, une petite table avec ce qu'il faut pour écrire.

SCÈNE PREMIERE

JULIEN, puis IRMA.

Au lever du rideau, Julien entre par la porte du fond.

JULIEN, après avoir sonné.

Tout a parfaitement réussi ; tout marche à souhait.

IRMA, entrant.

Monsieur a sonné ?

JULIEN, sans répondre.

André va venir, Jeanne également. Je viens de donner mes instructions au concierge.

IRMA.

Monsieur a sonné ?

JULIEN.

Ah ! vous voilà, Irma.

IRMA.

Je ne suis pas fâchée de voir monsieur.

JULIEN.

Pourquoi ?

IRMA.

Pour le remercier. Cette maison est la meilleure de Paris. Monsieur m'a prise, il y a trois jours, je suis bien payée, je n'ai rien à faire, pas même le service de monsieur, qui ne vient jamais.

JULIEN.

Mais aujourd'hui, vous allez avoir du travail. Vous ouvrirez la porte deux fois.

IRMA.

C'est tout ?

JULIEN.

Ce n'est pas tout !

IRMA.

La place est moins bonne que je ne l'avais espéré !

JULIEN.

Vous ouvrirez la porte deux fois ; deux personnes viendront séparément : un monsieur et une dame.

IRMA.

Bien !

JULIEN

Le monsieur ne vous demandera peut-être rien du tout et il entrera comme une bombe. Ne vous effrayez pas, et si ce monsieur casse le mobilier, laissez-le faire.

IRMA.

C'est facile !

JULIEN.

Peut-être ce monsieur restera-t-il ce qu'il est : un homme du monde, comme moi, et vous demandera-t-il M. d'Entrechaux. Vous lui direz : monsieur est sorti, mais si monsieur veut l'attendre...

IRMA.

Très bien

JULIEN.

Peut-être ce monsieur vous demandera-t-il s'il y a une dame ici; si la dame est venue, vous répondrez oui.

IRMA.

Si elle n'est pas venue, je répondrai non.

JULIEN.

Est-ce clair et bien compris?

IRMA.

Oui, monsieur. Ce n'est pas la mer à boire

JULIEN.

Je continue. Peut-être la dame qui viendra vous paraîtra-t-elle agitée. Elle aussi entrera comme une bombe.

IRMA.

Ça fait deux bombes !

JULIEN.

Il est possible aussi qu'elle reste ce qu'elle est : une femme du monde. Elle vous demandera, sans doute, madame d'Entrechaux.

IRMA.

C'est votre dame ? Quand viendra-t-elle?

JULIEN.

Qui?

IRMA.

Madame d'Entrechaux.

JULIEN.

Madame d'Entrechaux, elle ne viendra jamais, elle n'existe pas; c'est moi qui suis monsieur et madame d'Entrechaux. Quand la dame demandera madame d'Entrechaux, vous lui direz qu'elle est sortie et vous lui permettrez de l'attendre.

IRMA.

Si elle ne doit jamais venir...

JULIEN.

Si cette dame vous demande : un monsieur est-il venu? vous répondrez oui ou non, suivant que le monsieur sera ou ne sera pas venu.

IRMA.

En un mot, le même jeu pour le monsieur que pour la dame ?

JULIEN.

Et lorsque le monsieur et la dame seront ensemble, vous les laisserez.

IRMA.

Ah!... Faudra-t-il leur faire à dîner?

JULIEN.

C'est complètement inutile. Si vous entendez crier, n'appelez pas.

IRMA.

Monsieur me jure que tout cela est honnête?

JULIEN.

Je vous le jure et d'ailleurs je double vos gages. (A part.) Je lui donne ses huit jours ce soir. (Haut.) Un détail très important : Si le monsieur ou la dame veulent se cacher, vous les laisserez faire.

On sonne.

IRMA.

Première visite !

JULIEN.

Allez ouvrir. (*Irma va pour sortir par le fond.*) Et à moi l'escalier de service ! Et surtout... de la discrétion ! Vous me paraissez discrète !

IRMA.

C'est que j'ai eu tant de malheurs !... Figurez-vous qu'à quinze ans...

JULIEN.

Vous me les raconterez une autre fois !

Il sort par l'escalier de service, deuxième plan, à gauche.

SÈCNE II

IRMA, ANDRÉ.

ANDRÉ.

M. d'Entrechaux ?

IRMA.

Première bombe ! Monsieur n'est pas encore rentré, mais si monsieur veut se donner la peine de l'attendre.

ANDRÉ.

Bien ! Vous êtes seule ici ?

IRMA.

Comment, seule ?

ANDRÉ.

Oui, en ce moment ?

IRMA.

Mais non, puisque monsieur est là.

ANDRÉ.

A part nous deux, qui y a-t-il dans la maison ?

IRMA.

Personne.

ANDRÉ

Comment est votre maître?

IRMA.

Mais il ne va pas mal, monsieur, je vous remercie.

ANDRÉ.

Je vous demande son portrait

IRMA.

Il ne me l'a pas donné!

ANDRÉ, à part.

Cette fille est bête! (Haut.) Est-il jeune?... vieux? Qu'est-ce que c'est que cet homme-là?

IRMA.

C'est un excellent homme, un beau garçon, ce qu'on peut appeler un homme à femmes!

ANDRÉ, à part, pensant à sa femme.

Un homme à femmes! Oh! la misérable! (Haut.) Blond, brun?

IRMA.

Blond ardent.

ANDRÉ, même jeu.

Ardent! (Haut.) Il a des maîtresses?

IRMA.

Il ne me l'a pas dit.

ANDRÉ, à part.

Cette fille est bête! (Haut.) Il est marié?

IRMA.

Oui, monsieur!

ANDRÉ.

Où est sa femme?

IRMA.

Elle est sortie.

ANDRÉ.

Jeanne me dira qu'elle est venue voir madame d'Entrechaux. Heureusement, j'ai lu la lettre. Joli monsieur, ce d'Entrechaux! Il donne des rendez-vous chez lui en l'absence de sa femme! (Haut.) Ecoute-moi, voici cinq louis.

IRMA, avec empressement.

Je vous écoute.

ANDRÉ.

Ton maître ne t'a-t-il pas dit qu'il attendait une femme cet après-midi?

IRMA.

Si, monsieur.

ANDRÉ.

C'est tout ce que je voulais savoir.

IRMA, voulant lui rendre un louis.

Alors, c'est trop, reprenez-en un.

ANDRÉ.

Garde tout et cache-moi. Quand M. d'Entrechaux sera avec cette dame, tu viendras me prévenir.

IRMA.

A quel moment? Dès que la dame viendra ou environ un quart d'heure après?

ANDRÉ, hésitant.

Trois minutes après... Non, une minute après.

IRMA.

Je vais conduire monsieur dans ma chambre, qui est au fond du couloir. Monsieur ne s'ennuiera pas, il y a un dictionnaire du Volapük. (On sonne.) Voici la dame Monsieur veut-il passer par là? (Elle désigne la porte de l'escalier de service.) Je vais ouvrir.

Elle sort.

SCÈNE III

ANDRÉ, puis IRMA et BONNEVAL.

ANDRÉ, seul.

Je veux la confondre tout de suite! Mais, d'abord, voyons si c'est elle.

Il se met derrière la porte de droite, premier plan, s'ouvrant sur le théâtre.

BONNEVAL, entrant, à Irma.

Madame la comtesse d'Entrechaux, je vous prie? Voici ma carte.

ANDRÉ, stupéfait, à part.

M. Bonneval? Madame Bonneval l'a sans doute prévenu.

IRMA, à part.

On ne m'a pas avertie pour ce vieux-là. (Haut.) Madame est sortie.

BONNEVAL.

Je l'attendrai.

IRMA.

Non, monsieur.

BONNEVAL.

Ah!

IRMA.

C'est absolument impossible.

BONNEVAL.

Est-ce qu'un monsieur n'est pas venu?

IRMA.

Non, monsieur.

BONNEVAL.

Voici cinq francs. (Grimace d'Irma.) Voici huit francs. Maintenant, attendez. (A part.) Je vais écrire à la maî tresse de mon gendre.

Il se met à table et écrit.

IRMA.

Il fait son courrier, maintenant !

BONNEVAL, écrivant.

« Madame, c'est un pére qui vous écrit; je vous en supplie, laissez André tranquille et acceptez ce chèque de cinq cents francs... non, de mille... non de mille cinq cents francs, à titre de dommages-intérêts. Salutations amicales. (Il efface.) Non, respectueuses. (Il efface.) Non, sincères...

IRMA.

Voyons, décidez-vous...

BONNEVAL.

Salutations empressées. Amédée Bonneval. » (Il cachette et met sur l'enveloppe.) « A madame, madame d'Entrechaux ! » Voici, mon enfant, vous remettrez cette lettre à madame d'Entrechaux. Maintenant, quand M. Taverny sera venu...

IRMA.

Je ne connais pas M. Taverny.

BONNEVAL.

Ne faites pas la bête, vous êtes payée. (Il va à la fenêtre.) Je vais au café d'en face. Quand M. Taverny sera ici, vous vous mettrez à cette fenêtre et vous agiterez quelque chose : une serviette, un drap...

IRMA.

Tout ça pour huit francs?

BONNEVAL.

En voici quinze.

IRMA.

Sept!

BONNEVAL.

Et huit, tout à l'heure, quinze, en tout.

Il sort.

IRMA, seule.

Quinze francs! Je n'agiterai que mon mouchoi !

ANDRÉ, entrant et lui donnant cinq louis.

Tu n'agiteras rien du tout!

IRMA.

Bien!

ANDRÉ.

Il a laissé une lettre pour madame d'Entrechaux?... Il doit prévenir la femme que son mari la trompe. Je la rendrai à M. Bonneval. (Il met la lettre dans sa poche. On sonne à la porte de l'escalier de service.) On a sonné.

IRMA.

Là! Tenez, passez par ici, monsieur. Au fond du couloir, la porte à droite, vous trouverez ma chambre. (Elle fait sortir au fond. On carillonne.) On y va! On y va! un peu de patience, que diable!

SCÈNE IV

IRMA, JEANNE.

JEANNE, a la tête couverte d'un voile, très agitée.

Où sont-ils, les lâches, les misérables!...

Elle ouvre les deux portes de droite.

IRMA, à part.

Deuxième bombe! (Haut.) Madame demande?

JEANNE.

Ta maîtresse!

IRMA.

Madame la comtesse n'est pas encore rentrée.

JEANNE.

Je l'attendrai.

IRMA.

Comme madame voudra.

JEANNE.

Comment est-elle?

IRMA.

Qui?

JEANNE

Votre maîtresse?

IRMA.

Elle est très chic.

JEANNE.

Ah!... Et avec qui est-elle?

IRMA.

Mais, madame...

JEANNE.

Voici trente-huit francs et un timbre-poste.

IRMA.

Elle est avec son mari.

JEANNE.

Elle est mariée!... (A part.) André dira qu'il est venu voir le mari! (On sonne.) Cachez-moi. (Allant à la porte de droite.) Ici?

IRMA.

Non, là! (Elle la fait entrer deuxième plan.) Si ça continue, je pourrai vivre de mes rentes.

SCÈNE V

IRMA, MADAME BONNEVAL, puis HENRI.

MADAME BONNEVAL, essoufflée, pleurant.

Ma fille, madame, rendez-moi ma fille?

IRMA, ahurie.

Quoi?

MADAME BONNEVAL.

Pauvre enfant, elle n'est qu'égarée, elle n'est pas coupable.

HENRI, dans la coulisse.

Ne fermez pas.

Il entre essoufflé.

MADAME BONNEVAL.

Vous, M. Henri?

HENRI.

Oui, madame. Je vous ai suivie. Je vous en supplie, madame Bonneval, votre place n'est pas ici.

MADAME BONNEVAL

La place d'une mère est partout où sa fille court un danger.

IRMA, à part.

Mais on ne m'a pas annoncé tout ce monde-là! (Haut. Madame demande?

MADAME BONNEVAL.

M. d'Entrechaux?

HENRI.

Vous avez raison, il vaut mieux le voir, lui. Voulez-vous que je m'en charge?

MADAME BONNEVAL.

Mais ma fille, ma fille? Elle n'est donc pas arrivée?

HENRI.

Elle devait donc venir?

MADAME BONNEVAL.

Mais oui! Rien n'a pu la retenir!.... Attendez!

Elle va à la table et écrit.

HENRI, bas à Irma pendant que madame Bonneval écrit.

Où est la dame?

IRMA.

Là!

Elle désigne la porte derrière laquelle est Jeanne.

HENRI.

Bien, merci! (Il va mettre le verrou.) Enfermons-la.

MADAME BONNEVAL, relisant sa lettre.

« Monsieur, c'est une mère qui vous écrit; ayez pitié de sa fille, qui est mariée depuis sept ans, et recevez l'assurance de ma haute considération. » (A Irma.) Ah! les enfants! N'en ayez jamais, madame! (Elle écrit l'adresse). M. le Comte d'Entrechaux. (Elle remet la lettre à Irma. Très agitée.) Voilà, madame. Cette lettre à votre maître, le plus tôt possible, et, si la dame vient, — la dame, c'est ma fille, — vous lui direz que sa mère la supplie et qu'elle l'attend dans la loge du concierge.

Elle sort.

HENRI, à Irma.

Où est M. Bertaut?

IRMA, ahurie.

Plaît-il?

HENRI.

M. Bertaut, voyons; ne fais pas l'idiote! Je sais tout!

IRMA.

Mais, monsieur...

HENRI.

M. Bertaut, ton maître, trompe sa femme, il me l'a dit. C'est moi qui ai fait la lettre. Sa maîtresse s'appelle Jeanne. Tu vois que je sais tout.

IRMA.

Je ne connais pas de M. Bertaut.

HENRI.

Tu mens!

IRMA, comiquement.

Sur mon honneur, monsieur!... Je suis ici au service de M. d'Entrechaux.

HENRI.

Non, non! Tu es au service de M. Bertaut, qui se fait appeler M. d'Entrechaux... Tu n'as pas besoin d'aller le raconter à tout le monde... Contente-toi de dire à ton maître que sa femme et sa belle-mère savent tout.

IRMA, ahurie.

ien!

HENRI.

Et que je suis aussi dans la loge du concierge.

Madame Bonneval, en sortant, a laissé les deux portes ouvertes.

IRMA, à part.

Je ne me rappellerai jamais tout cela.

SCÈNE VI

HENRI, IRMA, LUCIE.

LUCIE, entre, voilée comme Jeanne. — Voyant Henri.

M. Chauvel?

HENRI, bas à Irma.

Qu'est-ce que tu me disais que la dame était là ?

IRMA.

En voilà encore une autre maintenant. Oh ! non ! Oh ! non !

Elle sort.

HENRI, va à Lucie.

Madame, je n'ai pas l'honneur de vous connaître, mais je suis un ami de M. Bertaut, presque son beau-frère. Je vous préviens que sa femme sait tout.

LUCIE, levant son voile.

Merci, jeune homme.

HENRI, étonné.

Madame Bertaut !

LUCIE.

Vous continuez votre joli métier ! Sortez, monsieur.

HENRI, troublé.

Mais, madame, écoutez-moi...

LUCIE.

Taisez-vous !...

HENRI.

M. Bertaut m'a dit que cela avancerait mon mariage.

LUCIE.

Avec Marthe !... Vous pouvez en faire votre deuil, mon ami.

HENRI.

Ah ! c'est trop fort !... Et M. Bertaut aura de mes nouvelles. Me tromper à ce point !

LUCIE.

Il me trompe bien davantage !

HENRI.

Au revoir, madame. (En s'en allant.) On va le pincer, c'est bien fait.

Il sort.

SCÈNE VII

LUCIE, puis JEANNE.

Jeanne essaie d'ouvrir la porte fermée par Henri

LUCIE.

Ah! c'est ici que M. mon mari reçoit sa maîtresse!...

JEANNE, agitant la porte.

Ouvrez.

LUCIE.

Une femme! C'est elle!... Entrez!...

Elle rabaisse son voile et ouvre la porte. — Jeanne entre voilée.

ENSEMBLE, allant l'une vers l'autre.

Vous êtes la maîtresse de mon mari!

Elles enlèvent leurs voiles

JEANNE.

Lucie!

ENSEMBLE.

Jeanne!

LUCIE.

Qu'est-ce que tu fais ici?

JEANNE.

Et toi?

LUCIE.

Mon mari me trompe ! J'en ai la preuve !

JEANNE.

Le mien aussi. J'en ai les preuves. André avait un rendez-vous ici, à trois heures !

LUCIE.

Comme Julien... Mais alors ?...

JEANNE.

Oh ! ma pauvre sœur ! Ils font la fête ensemble !

LUCIE.

Oh ! mon Dieu, mon Dieu ! On étouffe ici ! De l'air !

Elle va à la fenêtre, l'ouvre et sort son mouchoir comme une personne qui s'évente. Il se trouve qu'elle fait le signal demandé par Bonneval.

JEANNE.

Les misérables ! Nous oublier si vite !

LUCIE.

Rien ne m'étonne des hommes ! Je le traînerai devant les tribunaux.

JEANNE.

Nous les y traînerons, avec leurs maîtresses !

LUCIE.

Et nous nous remarierons !

JEANNE.

Oh ! non, par exemple ! assez d'une fois !... Je l'adorais !

LUCIE.

Et moi donc ! Crois-tu que je ne l'aimais pas !

JEANNE.

Il m'a regrettée huit jours... comme un oncle !

On sonne.

LUCIE.

Les voici.

Elles rabattent leurs voiles et se placent chacune d'un côté de la porte du fond, de façon à ce que Bonneval en entrant, ne les voie pas.

SCÈNE VIII

LES MÊMES, IRMA, BONNEVAL.

BONNEVAL, entrant avec Irma.

Où est M. Taverny?

IRMA.

Quoi?

BONNEVAL.

Eh bien, oui, M. Taverny? Vous avez fait le signal.

IRMA.

Moi?

LUCIE, à part.

Papa, ici!

BONNEVAL.

Oui, le mouchoir! (En se retournant vers la fenêtre il voit Lucie et Jeanne.) Lucie!... Jeanne!...

Lucie et Jeanne se jettent en pleurant dans les bras de Bonneval.

JEANNE.

Nous sommes trompées toutes les deux!

BONNEVAL.

Toutes les deux?

JEANNE.

Va chercher le commissaire de police.

BONNEVAL.

Voyons, voyons !

LUCIE.

Le commissaire, papa !

BONNEVAL.

Je vais chercher votre mère que j'ai trouvée dans la loge du concierge et qui pleure.

Il sort.

SCÈNE IX

LUCIE, JEANNE, puis JULIEN.

LUCIE.

On aura prévenu ces messieurs. Ils ne viendront pas.

On entend le bruit d'une clef à la porte de l'escalier de service. Elles rabattent leurs voiles. Julien entre. Lucie se cache derrière la porte par où entre Julien ; Jeanne est cachée par le battant de la porte du fond.

JULIEN.

Irma! Irma !...

LUCIE.

C'est lui !

JULIEN.

Voyons où en sont André et Jeanne. (Lucie se dresse devant lui lui donne deux soufflets. Elle relève son voile.) Mais, madame, je ne vous connais pas.

LUCIE.

C'est moi, misérable !

JULIEN.

Lucie !

LUCIE.

Et votre cocotte ?

JULIEN, ahuri.

Ma cocotte ?

LUCIE.

Je ne vous défigurerai pas, vous y gagneriez encore !... Quant à cette femme, je saurai bien la trouver où elle se cache.

Elle sort à gauche.

SCÈNE X

JULIEN, JEANNE, puis IRMA.

JULIEN.

Ma cocotte ? Je n'y comprends rien du tout. Est-ce qu'Adolpha serait venue? (Jeanne sanglote dans le fond de la scène.) C'est toi, Adolpha? Imprudente! Tu n'as donc pas reçu ma dépêche ? (Jeanne relève son voile.) Jeanne ! vous avez vu votre mari ?

JEANNE.

Je l'attends.

JULIEN, à part.

Que fait Irma ? (Il appelle.) Irma !

IRMA.

Monsieur ! Enfin ! voilà une figure de connaissance!

Elle tombe dans ses bras.

JULIEN.

Voulez-vous me laisser tranquille ? Où est le monsieur ?

IRMA.

Quel monsieur ? Ah ! Dans ma chambre !

JULIEN.

Allez le prévenir.

IRMA.

Il m'avait dit de n'y aller que lorsque monsieur serait avec madame. Je dois avertir monsieur qu'il est venu un tas de monde.

JULIEN.

Un tas de monde ?

IRMA.

Des jeunes, des vieux, mais tous toqués.

JULIEN.

Qu'est-ce qu'elle raconte ?

JEANNE.

Allez donc prévenir M. Taverny !

IRMA.

Mais je ne le connais pas, madame.

JULIEN.

C'est le monsieur qui est dans ta chambre.

IRMA.

Ah ! je sais.

JULIEN.

Allons, va vite.

Irma sort.

JEANNE.

Vous avez une maîtresse, vous aussi ?

JULIEN.

Moi ?

JEANNE.

Ne niez pas. Lucie a les preuves.

JULIEN.

Elle est forte, celle-là! J'entends André, je me sauve.

Il sort à gauche. André entre à temps pour voir la porte se refermer sur Julien qui a fermé à clé.

ANDRÉ, allant secouer la porte.

Vous ne m'échapperez pas, misérable!...

SCÈNE XI

ANDRÉ, JEANNE, puis BONNEVAL et MADAME BONNEVAL, puis LUCIE.

JEANNE.

Vous allez me dire que vous êtes venu pour M. d'Entrechaux, n'est-ce pas?

ANDRÉ.

Assurément, je vous le dis.

JEANNE, à part.

J'en étais sûre.

ANDRÉ.

Vous, vous allez me dire que vous êtes venue pour madame d'Entrechaux?

JEANNE.

Assurément, je vous le dis.

ANDRÉ.

J'en étais sûr!... Allons, madame, assez de mensonges! Votre présence ici et la mienne sont assez significatives.

JEANNE.

J'allais vous le dire.

ANDRÉ.

Et pour sauvegarder les apparences, nous divorcerons pour cause d'adultère du mari.

JEANNE.

Mais je ne vois pas d'autre divorcé possible.

Bruit de voix dans la coulisse de M. et madame Bonneval.

BONNEVAL.

Voyez, expliquons-nous... et sans crier...

MADAME BONNEVAL.

Alors, laisse-moi parler la première... (*A Jeanne.*) Qu'est-ce que tu fais ici ?

JEANNE, *désignant André.*

J'attendais monsieur.

MADAME BONNEVAL.

C'est faux. Tu attendais M. d'Entrechaux !

JEANNE.

Non. La comtesse d'Entrechaux !

ANDRÉ.

C'est ce que je prévoyais... Heureusement j'ai lu la lettre.

BONNEVAL.

Parfaitement. Elle a raison... La comtesse d'Entrechaux, la maîtresse de son mari.

ANDRÉ.

Mais, monsieur...

MADAME BONNEVAL.

Qu'est-ce que vous me racontez là tous les deux ? J'ai bien vu la lettre.

JEANNE.

Quelle lettre ?

BONNEVAL.

Oui, quelle lettre ?

MADAME BONNEVAL.

Une lettre de M. d'Entrechaux, que m'a fait lire André !

ANDRÉ.

Oui.

BONNEVAL.

Vous l'avez vu, vous, ce M. d'Entrechaux ?

ANDRÉ.

Le drôle vient de s'enfuir. Madame lui a donné l'éveil.

MADAME BONNEVAL.

Ma fille, demande pardon à ton mari.

JEANNE.

Moi ! Pardon de quoi ?

ANDRÉ.

Elle nie ! Quelle audace ! Elle ose nier ! Qu'est-ce que vous faites ici?

JEANNE.

Je suis venue pour vous pincer.

BONNEVAL.

Oui.

JEANNE.

Avec votre maîtresse !

ANDRÉ.

Ma maîtresse !

JEANNE.

Celle dont vous m'avez envoyé la lettre par votre joli beau-frère.

ANDRÉ.

Quelle lettre?

JEANNE.

La lettre d'Adolpha.

LUCIE, entrant.

Je n'ai trouvé personne.

MADAME BONNEVAL.

Lucie! d'où viens-tu?

LUCIE.

Je suis venue les pincer.

MADAME BONNEVAL.

Qui? Ta sœur?

LUCIE.

Non. Julien et sa maîtresse.

MADAME BONNEVAL.

Qu'est-ce que tu nous racontes?

LUCIE.

La vérité!... Ah! que je souffre!

BONNEVAL.

Voyons, expliquons-nous tranquillement. (A Lucie.) Ton mari a une maîtresse?

ANDRÉ.

Et cette maîtresse habite ici?

MADAME BONNEVAL.

Alors, c'est la vôtre!

ANDRÉ.

Madame...

MADAME BONNEVAL.

Ne vous fâchez pas.

ANDRÉ.

Voyons, Lucie m'a montré à moi la lettre de M. d'Entrechaux.

MADAME BONNEVAL.

Attendez... (A Lucie.) Et qui t'a dit que ton mari avait une maîtresse?

LUCIE.

Je l'ai vu dictant une lettre à M. Chauvel, une lettre dans laquelle il donnait rendez-vous à sa maîtresse.

MADAME BONNEVAL.

Alors, la maîtresse de Julien habite le même appartement que M. d'Entrechaux?

LUCIE.

Naturellement.

BONNEVAL.

Donc, M. d'Entrechaux est marié.

MADAME BONNEVAL.

Et sa femme est la maîtresse de Julien.

LUCIE.

Mais non, c'est Julien lui-même qui est M. d'Entrechaux.

BONNEVAL.

C'est à devenir fou!

SCÈNE XII

LES MÊMES, HENRI.

HENRI, *entrant.*

Tout le monde est réuni!

LUCIE.

M. Chauvel! c'est mon témoin.

BONNEVAL.

Ton témoin?

LUCIE.

Il a écrit la lettre. Soyez franc, monsieur. Est-il vrai oui ou non que mon mari ait une maîtresse?

HENRI.

Madame...

BONNEVAL, à Henri.

Parlez sans fard, jeune homme. Je vous en prie.

TOUS.

Oh! oui.

HENRI.

Madame a surpris la lettre de M. Bertaut. Je croyais que ça avancerait mon mariage.

BONNEVAL.

Où est-elle, cette lettre?...

HENRI.

Naturellement, je l'ai remise à M. Bertaut qui l'a envoyée à son adresse.

BONNEVAL.

Quelle adresse?...

HENRI.

Je l'ignore.

BONNEVAL.

Mais puisque vous l'avez écrite, sapristi!...

HENRI.

Pas l'adresse, la lettre.

BONNEVAL, à madame Bonneval.

Où est la lettre à toi?

MADAME BONNEVAL, *sortant la lettre de sa poche.*

C'est celle-là.

BONNEVAL.

Celle d'André?

ANDRÉ, *désignant celle de madame Bonneva*

C'est celle-là.

BONNEVAL.

Celle d'Henri?

HENRI, *même jeu.*

C'est celle-là.

BONNEVAL.

Celle de Julien?

HENRI, *même jeu*

C'est celle-là.

BONNEVAL.

Celle de Lucie?

LUCIE, *même jeu.*

C'est celle-là.

BONNEVAL.

Alors, c'est clair ; Julien a une maitresse et il lui fait écrire par Henri.

LUCIE.

C'est ce que j'ai dit.

BONNEVAL.

Je savais bien que je débrouillerais tout.

JEANNE.

Et ma lettre, à moi?

BONNEVAL.

Allons, bon ! Encore une !

JEANNE.

La lettre de la comtesse.

Elle la sort et la donne à André.

ANDRÉ.

Je ne connais pas cette lettre.

TOUS.

Moi non plus.

JEANNE.

Alors, vous continuez à nier ?

ANDRÉ.

Parfaitement, madame.

JEANNE.

Ah ! c'est trop fort !

MADAME BONNEVAL, *à Henri.*

Je m'étonne, monsieur, que vous ayez servi M. Bertaut dans ses amours équivoques.

SCÈNE XIII

LES MÊMES, IRMA, JULIEN.

IRMA, *annonçant.*

Monsieur et madame d'Entrechaux !

TOUS.

Enfin ! Nous allons les voir !

Tout le monde se retourne avec curiosité. Julien entre.

JULIEN.

Nous voilà, nous !

TOUS.

Julien !

JULIEN, à Bonneval.

Oui, Julien, qui a voulu prouver à monsieur, (Il désigne André.) qu'il était fou de madame et à madame, (Il désigne Jeanne.) qu'elle était folle de monsieur. Je les ai pris par la jalousie et ça a réussi une fois de plus. La lettre que j'ai dictée à M. Chauvel, c'est moi qui l'ai remise à André.

ANDRÉ.

C'est vrai.

JULIEN.

Et c'est encore moi qui ai donné à Jeanne la lettre d'Adolpha. (A Jeanne et à André.) Embrassez-vous donc au lieu de me regarder.

ANDRÉ, à Jeanne.

Tu me pardonnes?

JEANNE.

Et toi?... (A Lucie.) Fais donc comme moi, petite sœur. Ils sont les plus forts.

ANDRÉ.

Comme je t'ai fait souffrir... J'ai eu tous les torts...

JEANNE.

Tais-toi, je veux que ce soit moi.

JULIEN, à Lucie, imitant André.

J'ai eu tous les torts...

LUCIE.

Tais-toi, je veux que ce soit moi.

JULIEN.

Parfaitement!

HENRI.

Eh bien ! et moi ?

BONNEVAL.

Vous épouserez ma troisième fille.

JULIEN.

M. et madame Bonneval, André et moi nous avons l'honneur de vous redemander la main de nos femmes

BONNEVAL.

Oui, mais gardez-les, cette fois !

FIN

Imprimerie générale de Châtillon-sur-Seine. — Pichat et Pepin.

POÉSIES, MONOLOGUES ET SCÈNES COMIQUES

Titre	Prix
L'Art de dire les fables	1 »
Adam et Eve, bouffonnerie en vers	» 50
Amoureux d'une Jambe de bois, fantaisie	» 30
L'Aumône, poésie	» 50
Une aventure de Courapied	» 50
Une belle-mère sous la neige, monologue	» 50
Cache-Cache	» 50
Chatterton mourant, poésie	» 60
Les Chevaliers de la misère	» 30
Chiquerille sur mer, monologue	» 50
La Clé, monologue en vers	» 50
La compote d'ananas, en vers	» 50
Le Cor, monologue	» 50
Le coup de poing de Penhoel, poésie	» 30
La dernière nuit d'André Chénier	» 60
Les deux bébés, poésie	» 50
Le Divorce, conférence	» 50
Les enfants de l'Ivrogne, poésie	1 »
Entre deux balcons, monologue	» 50
Figaro en Prison, en vers	1 »
Le hanneton, scène comique	1 »
Un jeune homme	1 »
Mon maître d'école, poésie	» 50
La lanterne de Diogène, poésie	» 60
Les martyrs de la Liberté, poésie	» 50
Un Monsieur qui n'a peur de rien	» 50
Un Monsieur sur un paillasson	1 »
La Mort de Gilbert	» 60
La Mouche, monologue	1 »
Le Mouton, poésie	» 25
Myope, monologue	» 50
Le Nez du Colonel, scène comique	» 30
La Pipe du sergent Schauss, poésie	» 30
Les Pompiers, poésie	» 50
Premier Amour, scène comique	1 »
Le Ramasseur de bouts d'cigares	» 50
Têtes et Chapeaux, monologue	» 50
Le Roman d'un pion, poésie	» 30
Toast à la France, poésie	» 20
La vision du Tasse, poésie	» 60
Jeanne d'Arc en prison	» 60
La Plaideuse, monologue	[illegible]
Sans bonne	[illegible]
La Nuit terrible, scène comique	[illegible]
Sauvetage	» 50
Une conférence au bord de la mer	» 75
Le pain d'épice	» 75
La Source	1 »
Le petit Papillon	» 50
Les Vergilet	» 50
Amour de Portier	» 50
Le Perroquet vert	1 »
N'oubliez rien sur les coussins	1 »
Le Clou	1 »
Paroles d'un enfant	1 »
Premier Rêve de fortune	1 »
Belinois de Bayeux, vaudeville	1 25
Un Rêve	1 »
La Bouteille à Jean	1 »
La Douche	1 »
Un Éclair de chaleur	1 50
La Soupière, monologue comique	» 50
Pour la Patrie! drame en cinq actes	2

ÉMILE COLIN — IMP. DE LAGNY

www.ingramcontent.com/pod-product-compliance
Lightning Source LLC
LaVergne TN
LVHW020025170826
845678LV00001B/127

* 9 7 8 2 3 2 9 7 7 1 5 2 6 *